AF497486

* 9 7 8 9 3 5 8 7 2 9 4 3 6 *

اردو ادب اور فحش نگاری

(مضامین)

مرتبہ:

سید حیدرآبادی

ISBN 978-93-5872-943-6

9 789358 729436

کتاب	:	**اردو ادب اور فحش نگاری** (مضامین)
جمع و ترتیب	:	سید حیدرآبادی
صنف	:	غیر افسانوی نثر
ناشر	:	تعمیر پبلی کیشنز (حیدرآباد، انڈیا)
سالِ اشاعت	:	۲۰۲۴ء
صفحات	:	۱۷۲
سرورق ڈیزائن	:	تعمیر ویب ڈیزائن

فہرست

ادب میں فحش نگاری کی روایت

علی عباس جلالپوری

فحش نگاری ادبیات کا ایک اہم مسئلہ ہے، اس کی روایت قدمائے یونان و روم سے یادگار ہے۔ یونان قدیم میں فحاشی کی دیوی تھی جس کے سالانہ تہوار پر مرد عورتوں کا اور عورتیں مرد کا لباس پہنتی تھیں اور ہر قسم کے کجروی کے مظاہرے کئے جاتے تھے۔ ہومر نے ایلیڈ میں خداوند خدا ازیس اور اس کی زوجہ ہیرا کی مواصلت ساٹھ مصرعوں میں بیان کی ہے جو نہایت ہوس پرور ہے۔ وہ اوڈیسی میں لکھتا ہے کہ ایک دن دیوتا ہیفے سٹس نے اپنی زوجہ افروڈائٹی کو دیوتا ایرز کے ساتھ ناگفتہ بہ حالت میں دیکھا تو وہ تمام دیوتاؤں کو بلا لایا اور انہیں یہ منظر دکھایا، ہومر نے اس منظر کی وصف نگاری میں خوب پیر پھیلائے ہیں۔ قدیم روم میں فحش نظمیں لکھی جاتی تھیں۔ جوان لڑکے اور لڑکیاں انہیں چھپ لک کر پڑھا کرتے تھے۔

ایک با قاعدہ تحریک کی صورت میں فحش نگاری کا آغاز ۷ ویں صدی عیسوی میں ہوا اور ۱۸ ویں صدی میں فحش تحریریں تمام مغربی ممالک میں رواج پا گئیں۔ وکٹوریہ کے عہد حکومت میں فحش نگاری کے وہ تمام اسالیب معین ہو گئے جو آج تک باقی ہیں مثلاً سائنسی مقصد کے لئے جنسی فعل کا تفصیلی تذکرہ، علم الانسان اور تقابلی مذہب کے نام پر قدیم اقوام و مذاہب کی عجیب و غریب جنسی رسوم کا ذکر، لوک ہت کہاؤ اور لوگ گیتوں کے

حوالے سے فحش نگاری کرنا، شادی کے ہدایت نامے وغیرہ۔

ہنسری سپنسر ایش بی نے اپنی تالیف انڈکس کی تین ضخیم جلدوں میں جملہ فحش تحریروں کو جمع کر دیا۔ وہ کہتا ہے کہ کسی قوم کے فحش ادب میں اس کے اخلاق کا عکس پڑتا ہے جیسا کہ مثلاً میرا بو، دساد، نزسیا، لے کلو وغیرہ کے قصوں میں ۱۸ ویں صدی کے فرانسیسی امراء کی فاسقانہ زندگی کی جھلکیاں دکھائی دیتی ہیں۔ ان مصنفین نے معاصر معاشرے ہی کی تصویر کشی کی ہے۔ ایش بی کہتا ہے کہ کسی عہد کے اخلاقی محاسن کو بھی اس زمانے کے معائب کے بغیر سمجھا نہیں جاسکتا۔ اس کا یہ خیال محل نظر ہے کیوں کہ فحش قصوں میں کسی معاشرے کی قدروں یا کسی فرد کے احوال کی حقیقی ترجمانی نہیں کی جاتی بلکہ وہ سراسر مریضانہ خیال آرائی پر مبنی ہوتے ہیں، لہذا فحش قصوں کا اس خیال سے مطالعہ کرنا کہ ان سے کسی معاشرے کی اخلاقی قدروں کا ادراک ہو گا سعی بے مصرف ہو گی۔

فحش تحریروں میں زندگی کے تلخ حقائق سے گزیز کر کے ایک ایسے خیالی عالم میں پناہ لی جاتی ہے جس میں سوائے جنسی مواصلت کے کچھ بھی نہیں ہوتا اور یہ وہ عالم ہے جس میں مرد عورتیں ہمہ وقت ہمہ تن جنسی مواصلت میں غرق رہتے ہیں۔ یہ خیالی عالم وہ لوگ بساتے ہیں جو جنسی محرومی اور کمزوری کے شکار ہوتے ہیں۔ اور اپنی داماندگی اور کوتاہ ہمتی کی تلافی شہوانی خیال آرائی سے کرتے ہیں۔ اس خیال آرائی میں شہوت رانی کی مجالس برپا کی جاتی ہیں جن کی وصف نگاری واضح طور پر لکھنے والے کی جنسی فاقہ زدگی کی غمازی کرتی ہے۔

اس تفصیل نگاری میں اکتا دینے والی تکرار ہوتی ہے اور وہ سراسر میکانکی ہوتی ہے۔ پورنو ٹوپیا میں تمام مرد غیر معمولی رجولیت کے مالک ہوتے ہیں، اور تمام عورتیں دن رات

جنسی ہیجان میں مبتلا ہوتی ہیں۔ اس میں عشق و محبت یا حسد و رقابت کا کوئی وجود نہیں ہوتا۔ کہانی کا اتار چڑھاؤ نہیں ہوتا۔ ڈرامائی صورت احوال نہیں ہوتی، جذبات کا تصادم نہیں ہوتا، فطری مناظر اور معاشرتی عقدوں سے اعتنا نہیں کیا جاتا۔ اس کے کردار میکانکی انداز میں جنسی مواصلت کیے جاتے ہیں اور اس سے کبھی سیر نہیں ہوتے۔ ایک مرد اور دوسرے مرد میں کچھ بھی فرق نہیں ہوتا، عورتیں بھی سبھی ایک جیسی ہوتی ہیں۔ غرضکہ مرد اور عورتیں پلاسٹک کے کھلونے ہوتے ہیں اور کھلونوں ہی کی طرح ایک عمل کو بار بار دہراتے رہتے ہیں۔ فحش قصے میں وقت کے گزرنے کا احساس نہیں ہوتا، اس کا آغاز پہلے جنسی تجربے سے ہوتا ہے۔ جب تک آدمی زندہ رہتا ہے اس کی رجولیت بحال رہتی ہے۔ اور جب تک اس کی جنسی توانائی برقرار رہتی ہے وہ زندہ رہتا ہے، فحش ناول کے کردار ہر عنوان سے ہر بہانے سے جنسی مواصلت پر کمربستہ رہتے ہیں۔ ان کا مذہب لنگ اور یونی کی پرستش کے سوا کچھ نہیں ہوتا۔ فحش ناول نگار عالم خیال میں اپنے آپ کو جنسی پہلوان، تصور کر لیتے ہیں۔

راقم الحروف کو ایک نوجوان کی تحریریں دیکھنے کا اتفاق ہوا ہے، جو جبری خود لذتی میں مبتلا تھا اور اپنی کم ہمتی اور احساس کہتری کی تلافی فحش نگاری سے کیا کرتا تھا۔ وہ ایک سوکھا سہا ہوا امریل سالڑکا تھا لیکن اپنی تحریروں میں وہ ایک قوی ہیکل شہ زور جوان دکھائی دیتا ہے جس کے پیچھے عورتیں دیوانہ وار بھاگتی پھرتی ہیں۔

راقم الحروف کے خیال میں سچا ادب اور سچا فن فحش ہو ہی نہیں سکتا کیونکہ وہ محض خیال آرائی پر مبنی نہیں ہوتا بلکہ اس کا ذہنی اور ذوقی رشتہ روزمرہ کی زندگی اور اس کے مسائل سے بلاواسطہ استوار ہوتا ہے اور وہ زندگی ہی سے اپنے موضوع تلاش کرتا ہے۔ اس کے ہاں جنسی جبلت میں عشق و محبت کا پاکیزہ جذبہ مشمول ہوتا ہے اور عشق وہ کٹھالی

ہے جس میں جنسی خواہش ذوق جمال کا زر خالص بن کر بکھر آتی ہے۔ چنانچہ وہ تحریریں قطعی طور پر فحش ہیں جن میں جنسی مواصلت کا ذکر سرد مہری سے کیا جائے اور اس کی وصف نگاری میکانکی بن کر رہ کررہ جائے۔ اس نوع کی مواصلت انسان کو حیوان سے بھی پست تر کر دیتی ہے۔ فحش قصوں میں ایذا کوشی کا عنصر غالب ہوتا ہے، اس کی وجہ یہ ہے کہ فحش نگار ہمیشہ مرد ہی ہوتے ہیں، اور کوتاہ ہمت مرد لازماً ایذا کوش ہوتا ہے۔ راقم کے مشاہدے میں ایسے کئی واقعات آئے ہیں کہ مرد نے خلوت صحیحہ میں اپنی کوتاہ ہمتی سے جھلا کر فریق ثانی کا گلا گھونٹ دیا یا اسے گولی مار دی۔ یہ بات قابل غور ہے کہ کسی بھی عورت نے فحش ناول نہیں لکھے۔ اس کی وجہ غالباً یہ ہے کہ جنسی کوتاہ ہمتی کے شکار اکثر و بیشتر مرد ہی ہوتے ہیں۔

"فحش ادب" کی ترکیب مغالطہ آفرین ہے۔ فحش تحریروں پر ادب کا اطلاق نہیں ہو سکتا، کسی فاتر العقل کی خیال آرائی کو حیطۂ تحریر میں لایا جائے تو وہ ادب نہیں کہلائے گی۔ اس طرح ایک کوتاہ ہمت کی مریضانہ شہوانی خیال آرائی کو ادبیات میں شمار نہیں کیا جائے گا کیوں کہ ایک تو وہ روز مرہ کی زندگی سے ذوقی فیضان حاصل نہیں کرتا، دوسرے جمالیاتی قدر کی ترجمانی سے قاصر رہتا ہے۔ فحش تحریریں پڑھتے ہوئے یوں محسوس ہوتا ہے جیسے انسانی زندگی کی کوئی اساس نہیں ہے، نہ اس میں کسی نوع کی قدر یا معنویت پائی جاتی ہے۔ د ساد [Marquis de Sade] کے ناول جسٹن [Justine] کی مثال ہمارے سامنے ہے۔ ۱۸ویں اور ۱۹ویں صدی کے فحش نگاروں نے اسی کو اپنے لئے نمونہ بنایا ہے۔ جسٹن ایک حسین دوشیزہ ہے جو ماں باپ کی وفات کے بعد بے یار و مدد گار رہ جاتی ہے اور مصائب و آلام اسے چاروں طرف سے گھیر لیتے ہیں۔ اسے کچھ عرصے کے لئے ایک ڈاکٹر کے یہاں قیام کرنا پڑتا ہے، یہ ڈاکٹر ایک جنسی عفریت ہے جس کی بد

عنوانیوں میں ایذا کوشی اور عشق محرمات مشمول ہیں۔ جسٹن ڈاکٹر سے چھٹکارا پاتی ہے تو چند فاسق و فاجر راہبوں کے ہتھے چڑھ جاتی ہے، خانقاہ کے دورانِ قیام میں جو کچھ اس پر گزرتی ہے وہ ہوسناکی اور ایذا کوشی کی بدترین مثال ہے۔ اس قصے کے مطالعے سے دساد کی ابلیسیت کھل کر سامنے آجاتی ہے اور قاری کے پست ترین جذبات بھڑک اٹھتے ہیں جب کہ سچا ادب و فن جذبات کی تنقیح کا باعث ہوتا ہے اور انسان کے تعمیری اور مثبت میلانات کی پرورش کرتا ہے۔ جنوبی ہند کے مندروں کے دیواری نقوش اور آرٹینو کی کتاب کی رسوائے زمانہ تصویریں بھی فخش ہیں۔ ہندو، روحانیت کے حوالے سے میتھن کی توجیہہ و تقدیس کرتے ہیں لیکن یہ محض جواز جوئی اور تاویل آرائی ہے۔

ڈاکٹر ایبرہارڈ اور فلِس کردن ہاسن نے فخش نگاری اور نفسیاتی حقیقت نگاری میں فرق کیا ہے۔ نفسیاتی حقیقت نگاری کا مقصد معروضی اور غیر جذباتی انداز میں جنس سے متعلق حقائق کو کھول کر بیان کرنا ہوتا ہے جب کہ ایک فخش نگار کا مقصدِ واحد ہوس انگیزی ہوتا ہے فخش قصوں اور نظموں کو بھی دو حصوں میں تقسیم کیا جاسکتا ہے، ایک تو سراسر فخش ہیں اور دوسروں کے بعض مقامات کو فخش کہا جاسکتا ہے۔ سراسر فخش قصوں سے ہم طوالت کے خوف سے دو مثالیں دیں گے: "ہوس پرست ترک" اور "ہندوستان میں زہرہ"۔

ہوس پرست ترک خطوط کی شکل میں ہے۔ ایک انگریز لڑکی ایمیلی بارلو کو بحری قزاق اغوا کرکے الجبریا کے حاکم کے ہاتھ بیچ دیتے ہیں۔ حاکم کے حرم میں جو کچھ ایمیلی پر گزرتی ہے وہ ان واردات کو خطوط کی شکل میں اپنی سہیلی سلویا کیری کو لکھ بھیجتی ہے۔ حرم کی دوسری لڑکیاں جو ترک حاکم کی ہوس کا نشانہ بنتی ہیں ایمیلی کو باری باری اپنی آپ بیتی سناتی ہیں۔ قصے میں ہر عنوان سے ترک حاکم کی جنسی فتوحات کا ذکر نہایت نفس پرور

انداز میں کیا گیا ہے۔ ناول کا بیشتر حصہ اسی قسم کی وصف نگاری پر مشتمل ہے۔ اس میں معاصر انگریزی یا الجزائری معاشرے کی کوئی جھلک دکھائی نہیں دیتی۔ جنسی مواصلت کے مناظر ہیجان انگیز ہیں، انداز بیاں میکانکی اور ٹھس ہے۔

دوسرا ناول انگریزی فوج کے ایک افسر کی خود نوشت سوانح ہے، جس میں اس نے ہندوستان کے دوران قیام میں اپنی جنسی مہمات کا ذکر کیا ہے۔ مصنف کیپٹن ڈیورو فوجی خدمات انجام دینے کے لئے ہندوستان آتا ہے اور صوبہ سرحد کی جھڑپوں میں حصہ لیتا ہے۔ اپنی رجمنٹ کے کیمپ کی طرف جاتے ہوئے راستے میں وہ ایک سرائے میں ٹھہرتا ہے جہاں اس کی ملاقات ایک حسین انگریز عورت سے ہوتی ہے، عورت اسے اپنے کمرے میں بلا لیتی ہے اور پھر جنسی مواصلت کی وصف نگاری کا وہی چکر چلتا ہے جس میں حقیقت کم اور خیال آرائی اور آرزو پروری زیادہ ہوتی ہے۔ ہر بار خلوت میں نئے نئے اسالیب اختراع کئے جاتے ہیں اور دونوں بے پناہ جنسی توانائی کا مظاہرہ کرتے ہیں۔ اس کے بعد یہی کپتان اپنے میجر کی تین جوان کنواری لڑکی فینی، ایمی اور میبل سے اسی انداز میں تمتع کرتا ہے تینوں بہنیں یکے بعد دیگرے اس پر فریفتہ ہو جاتی ہیں۔ اور باری باری سپردگی پر آمادہ ہو جاتی ہیں۔ ز

دوسرے فحش قصوں کی طرح اس ناول کا مقصدِ واحد عالم خیال میں اس جنسی لذت اور آسودگی کا حصول ہے جن سے مصنف اپنی حقیقی زندگی میں محروم رہا ہے۔ یہ نام نہاد خود نوشت سوانح عمری سراسر دروغ و جعل ہے۔ اس میں ہندوستانی معاشرے کی جو جھلکیاں دکھائی دیتی ہیں وہ محض چند الفاظ و تراکیب اور سنی سنائی باتوں تک محدود ہیں۔ صاف معلوم ہوتا ہے کہ مصنف نے ہندوستان میں قدم بھی نہیں رکھا۔

آج کل یورپ اور امریکہ کے شہروں میں فحش قصے برملا فروخت ہوتے ہیں، جو

عورتیں اور مرد بوجوہ جنسی آسودگی سے محروم رہتے ہیں اور اس مسرت کے لئے ترستے رہتے ہیں جو جنسی خواہش کی بھرپور تسکین ہی سے میسر آسکتی ہے وہ فحش قصوں کے مطالعے سے اپنی محرومیوں کی تلافی کر لیتے ہیں۔

مغرب میں فحش قصوں ، 'لباس در لباس اتار' [strip-tease] شبانہ مجالس کی مقبولیت اس حقیقت کی غمازی کرتی ہے کہ جنسی آزادی کے باوجود مغرب کے بے شمار مرد و عورتیں بیزاری اور اکتاہٹ کی زندگی گزار رہے ہیں ، اور اس کے مداوا کے لئے فحاشی اور عریانی سے رجوع لانے پر مجبور ہیں۔

یہ امر قابل غور ہے کہ اشتراکی ممالک میں فحش نگاری کا کوئی کھوج نہیں ملتا۔ اشتراکی معاشرے میں لوگ اس قدر مصروفیت کی زندگی گزارتے ہیں اور انہیں معاشی آسودگی کے ساتھ ساتھ جذباتی تشفی کے اتنے سامان میسر ہیں کہ وہ مریضانہ خیال آرائی سے رجوع نہیں لاتے۔ جو شخص محنت مشقت کی صاف ستھری سیدھی سادی زندگی گزار رہا ہو اس کی جنسی جبلت میں بھی ہمواری اور اعتدال کی کیفیت پیدا ہو جاتی ہے۔ چنانچہ اشتراکی معاشرے میں ذہنی و جذباتی آسودگی کے باعث شہوانی خیال آرائی بلکہ کسی قسم کی مریضانہ خیال آرائی یا ذہنی فرار کا کوئی عنوان ہی باقی نہیں رہتا۔

٭ ٭ ٭

دت بھارتی اور فحش نگاری

نثار احمد صدیقی

آج جب ادب اور زندگی نظریے اتنے عالم گیر وسعت کے حامل ہو چکے ہیں ، یہ ممکن نہیں کہ ایک ادیب خود کو زندگی سے بے گانہ رکھ کر ادب کی خدمت کر سکے ۔ کتنے ہی نظریوں کے تحت مختلف ادیبوں نے خود کو مختلف نظریاتی اسکول سے وابستہ کر لیا ہے ۔ یہ نظریاتی اسکول حیات انسانی کی تمام تر وسعتوں کو شکار کرتے ہیں ۔ اور صرف اتنا ہی نہیں بلکہ زندگی کی ان تمام پے چیدگیوں اور ذہنی انسانی سے متعلق تمام رازہائے سربستہ کو شعوری اور غیر شعوری طور پر نمایاں کرتے ہیں ۔ حیات انسانی کی ان نظریاتی اور طبقاتی کش مکش نے مختلف قسم کے اصول کو جنم دیا ہے ۔ یہ اصول نہ صرف یہ کہ انسان کی سعی پیہم سے عالم وجود میں آئے بلکہ ان کے پیچھے تاریخ انسانی کی عظیم وسعتیں کار فرما ہیں ۔

تاریخ انسانی کا تجزیہ کرنے کے بعد اور ان ادوار کا جائزہ لینے کے بعد جن سے ذہن انسانی متاثر ہوا ۔ اور درجہ بدرجہ ارتقا کی منزلیں طے کرتا ہوا قدیم وجدید اور عالم گیر وقتوں کی تہوں کو چیرتا ہوا یہاں تک آیا ۔ نہیں کہا جاسکتا کہ حیات انسانی کا یہ قافلہ کہاں جا کر قیام پذیر ہو ۔ ادب اور موجودہ ادب جس کا تعلق زندگی اور زندگی کی ان بے پناہ قدروں سے ہے ۔ کن کن نظریوں سے تعلق رکھتا ہے یہاں اس پر بحث کا موقع نہیں ۔ جہاں تک نظریاتی اور ذہنی ارتقا کا سوال ہے اس سلسلے میں موجودہ دور میں ہمیں جو عظیم

شخصیت نظر آتی ہے وہ کارل مارکس کی ہے۔ کارل مارکس نے جس طرح ذہن انسانی کا تجزیہ کیا ہے اس سے پہلے ہمیں کہیں نظر نہیں آتا۔

اس نے جدلیاتی مادیت اور طبقاتی کش مکش کا فلسفہ دیگر لوگوں کو ایک نئی سوجھ بوجھ اور نئے شعور سے روشناس کرایا۔ لیکن یہ تو وہ اصول ہوئے جن کا تعلق براہ راست انسان کے مادی حالات سے ہے۔ لیکن کچھ ایسے بھی مفکر پیدا ہوئے ہیں جنہوں نے ذہن انسانی کا تجزیہ انسان کی داخلی اور نفسیاتی الجھن کو پیش نظر رکھ کر کیا ہے۔ انسانی ذہن سب سے زیادہ جس چیز سے متاثر ہوتا ہے وہ ہے جنسی کشش۔ لیکن یہ تاثر ایک خاص عمر اور ایک خاص وقت ہی میں ظہور پذیر ہوتا ہے۔ اس کے یہ معنی نہیں ہوئے کہ عمر کی کوئی۔

ایسی منزل بھی ہے جہاں پہنچ کر انسان جنسی احساسات سے قطعی بے گانہ ہو جاتا ہے۔ اور اگر حیات انسانی کی کوئی منزل ایسی ہے تو وہ منزل۔

موت ہی کی ہو سکتی ہے۔ اس کا مطلب یہ ہوا کہ انسان میں جنسی خواہشات اور احساسات کی خلش آخر دم تک موجود رہتی ہے۔ یہ دوسری ہے کہ ان خواہشات کی شدت عمر کی ایک خاص منزل پر پہنچنے کے بعد ہوتی ہے، اور وہ منزل یقیناً منزل شباب ہے۔ جنسی نظریے کو ایک عالم گیر حیثیت جس شخص نے بخشی اور اس کے اکثر رموز و نکات کو آشکار کیا، وہ فرائڈ تھا۔ فرائڈ نے انسانی ذہن۔

کے مختلف درجے بنائے اور اس کی خواہشات کو ان درجوں میں تقسیم کر دیا۔ فرائڈ کی یہ خدمت یقیناً ایسی ہے جو علم انسانی کے شعوری ارتقا کو کچھ نہ کچھ آگے بڑھاتی ہے۔ فرائڈ نے بہت سے اصول مرتب کیے اور انسان کی ذہنی کمزوریوں اور بیماریوں کی وجہ شعور و تحت الشعور میں تلاش کی۔ اگر چہ اس کا یہ اصول سائنسی ہے، لیکن اس نے عالم گیر ادب کو اپنے خیالات سے بے حد متاثر کیا۔ فرائڈ کوئی ادیب نہ تھا لیکن اس کے اصول

ادبی دنیا میں ایک اہم حیثیت اختیار کر چکے ہیں ۔ جہاں تک اردو ادب کا تعلق ہے ، یہ صحیح ہے کہ ہمیں لارنس ٹکسلے جیسا کوئی ادیب نظر نہیں آتا لیکن ہمارے یہاں سعادت حسن منٹو عصمت چغتائی اور خدیجہ مستور جیسی عظیم ہستیاں ضرور نظر آتی ہیں ۔ جنہوں نے فرائڈ کے اصولوں کو اپنانے اور اپنے ادب میں پیش کرنے کی کوشش کی ۔۔

منٹو اور عصمت چغتائی وغیرہ کے جنسی افسانوں پر تنقیدی نظر ڈالنا اس وقت ہمارا موضوع نہیں ہے ۔ ہم ایک ایسے فحش نگار کی طرف رجوع کر رہے ہیں جس نے جنسیات کا سہارا لے کر ادب اور ادبی تخلیقات کو عریانیت کی حد تک پہنچا دیا ہے اور جس کے یہاں بازاری مذاق اور سستے قسم کے جنسی اشارے ملتے ہیں ۔ وہ ہے دت بھارتی ۔۔

انگریزی ، فرانسیسی ، روسی اور امریکی ناول نگاروں اور افسانہ نگاروں نے جنسی نظریے کے تحت جتنے ناول لکھے ہیں ان کی تعداد لا محدود ہے ۔ ان میں بعض ایسے بھی ناول ہیں جو سستے قسم کے مذاق کو پیش کرتے ہیں ۔ لیکن ان کا فن ادبی لحاظ سے کوئی خاص اہمیت نہیں رکھتا اور انہیں لوگ جاسوسی ناول نگاروں کی طرح ذہن سے فراموش کر دیتے ہیں ۔ یعنی ان کی چیزیں اور خاص کر ان کی شخصیت لافانی نہیں ہوتی ۔ یہی حال دت بھارتی کا ہے ۔ انہوں نے تقریباً تیرہ یا چودہ ضخیم ناول لکھے ہیں لیکن ان میں کوئی بھی ادب میں اضافہ نہیں ۔۔ چہ جائے کہ مجنوں گورکھ پوری جمیل مظہری اور مرزار سوانے بہت ہی کم چیزیں ادب میں پیش کیں لیکن ادب میں اپنا ایک بلند مقام حاصل کرلیا ۔

کون کہہ سکتا ہے کہ زیدی کا حشر ، شکست و فتح اور شریف زادہ ادب میں لافانی و دوامی حیثیت نہیں رکھتے ۔ لیکن میں بلاخوف تردید کہہ سکتا ہوں کہ دت بھارتی کی ناولیں چوٹ اور زندگی جو کہ مختلف وقت اور حالات کی آئینہ دار ہیں اردو کے فحش تذکروں میں ایک زبردست اضافہ ہیں اور صرف یہی نہیں بلکہ اس کا عریاں اور بازاری مذاق اس حد

تک پست ہے جسے پڑھ کر سنجیدہ طبیعت آنکھیں بند کر لیتی ہیں۔ میں دت بھارتی کے ناول 'چوٹ' کے چند اقتباسات ناظرین کے سامنے پیش کرتا ہوں۔ جس سے یہ اندازہ ہو جائے گا کہ دت۔ بھارتی کے یہاں عریاں نگاری کتنی شرم ناک اور نفرت انگیز حد تک موجود ہے:"کیا یہ آنکھوں کی شراب کم ہے ؟۔

دیپ نے اسے خمار آلود نگاہوں سے دیکھتے ہوئے کہا آشا کے دل کی۔ دھڑکنیں حد سے زیادہ تیز ہو گئیں ، اور اس کے سینے کا ابھار ، نفس اور ہزاروں مچلتے ہوئے جذبات چاہتے تھے کہ دیپ اسے اپنے قوی اور مضبوط بانہوں کی گرفت میں لے لے۔ اس کی ہر ادا دیپ کو اس عمل کے لیے دعوت دے رہی تھی۔ وہ چاہتی تھی کہ آج دیپ اس کو اپنی مضبوط بانہوں میں جکڑ لے ، اس کے جسم کو جھنجوڑ دے اتنا جھنجوڑے کہ اس کی ہڈیاں اور پسلیاں ایک نامعلوم درد سے تڑپ اٹھیں ۔ وہ چاہتی تھی کہ دیپ کے گرم گرم ہونٹ اس کے گلابی ہونٹوں کی مٹھاس چوس لیں ، جیسے بچے گولیاں چوسا کرتے ہیں۔ یا جیسے انگریزی فلموں میں ہیرو ہیروئین کو اپنی بانہوں میں۔ جکڑ کر اسے سینے سے لگا کر اس کی جوانی کا لطف اٹھاتا ہے۔"۔

دوسری جگہ ... آشا چارپائی پر ادھ لیٹ گئی۔ لیٹی ہوئی آشا کا خوب صورت سپید اور ملائم سینہ جس میں کنوارپن کی جوانی کا ابھار تھا نمایاں ہو گیا۔ اس کے اوپر کا آدھا حصہ زور پڑنے سے ابھر گیا تھا۔ دوپٹہ ایک طرف سرک گیا تھا۔ اور سینہ سانس سے۔ اس طرح ابھر رہا تھا جیسے گیت سے سر ابھرتے ہیں۔"۔

یہاں یہ بات اچھی طرح ذہن نشیں ہو جاتی ہے کہ ناول نگار نے اپنے ناولوں کے ذریعے اپنی انتہائی سطحی ذہنیت کا مظاہرہ کیا ہے۔ جو اخلاقی نظریے کے تحت بھی قابل قبول نہیں ہو سکتا۔۔

ناول "ٹرپ" میں انہوں نے فرقہ وارانہ فسادات کو جس نظر سے دیکھا ہے وہ ایک ناول نگار کے لیے موزوں نقطۂ نظر نہیں ہو سکتا۔ دت بھارتی نے فسادات اور اس سے لطف اندوز ہونے والوں کا جو خاکہ پیش کیا ہے اس سے یہی اندازہ ہوتا ہے کہ انسانیت کے تابوت میں وہ آخری کیل ٹھونکنا چاہتے ہیں۔ فسادات ان کے لیے کوئی نفرت انگیز اور گھناونی چیزیں نہیں ہیں۔ بلکہ وہ ان فسادات ہی میں اپنے لیے جنسی لذت کا جواز تلاش کرتے ہیں اور ایک عام پڑھنے والے کو دعوت نظارہ شہوانیت دیتے ہیں۔ دوسری طرف اگر ہم منٹو کے مختصر ترین افسانوں کے مجموعے "سیاہ حاشیے" کا جائزہ لیں تو یہ بات صاف ہو جائے گی کہ منٹو فسادات سے لطف اندوز نہیں ہوتا بلکہ وہ انسانیت کی لاش پر نوحہ کناں اور اشک بار ہے۔ اور یہی وہ فرق ہے جو منٹو کو، منٹو اور دت بھارتی Dutt Bharti کو ایک بازاری اور ایک تیسرے درجہ کا ناول نگار یا۔ افسانہ نگار بنا دیتا ہے۔۔

٭ ٭ ٭

اردو کا فحش ناول نگار وہی وہانوی

احمد سہیل

اردو میں جب بھی فحش، شہوانی ادب کی بات ہوتی ہے تو اس حوالے سے سب سے زیادہ ذکر وہی وہانوی کی فحش ناولوں کا ہوتا ہے۔ چالیس سے ستر کی دہائی تک اردو اس قدر کھلم کھلا شہوت انگیز اور فحش اور ڈرامائی جنسی حیوانیت پر لکھی ہوئی وہی وہانوی کی ناولز کو بہت مقبولیت حاصل ہوئی اور ان ناولز پر ہندوستان اور پاکستان اس پر کوئی قانونی قدغن بھی نہیں لگائی گئی۔ {یہ کیسا ظلم ہے کہ منٹو کے افسانوں پر فحاشی کا مقدمہ چلا، پریم چند کے افسانوں اور "انگارے" کو نذر آتش کیا گیا} اور اردو کا قاری کو ان فحش ناولز کا چسکہ بڑھتا گیا۔ وہی وہانوی کی اکثر ناولوں کا پس منظر ۱۹۴۷ کی برصغیر کی تقسیم اور بالخصوص پنجاب کے فسادات اور خونریزی کے پس منظر میں جارحانہ اور حیوانی جبری جنسی عمل کی منظر کشی کی ہے۔ ان ناولز میں انسانی جسم کے اعضا کا ذکر گندی زبان میں بیاں کیا جاتا تھا۔ جسکو عام طور پر شریف اور مہذّب لوگ عام بول چال میں استعمال نہیں کرتے۔ وہی وہانوی کی ان ناولز میں قاری کے لیے جنسی اذیت میں ایک سحر انگیز جمال اور انبساط کا سامان بھی ہوتا تھا۔ یہ ناولین کھلے طور پر فروخت اور تقسیم نہیں ہوتی تھیں۔ ان ناولوں کو " زیر زمین "ہی فروخت کیا جاتا رہا۔ کہا جاتا ہے سعادت حسن منٹو وہی وہانوی کی ناولیں بڑے ذوق و شوق سے پڑھا کرتے تھے۔ منٹو نے وہی وہانوی کی فحش اور شہوانی ناولز سے متاثر ہو

کر اپنی فحش اور شہوانی اسلوب کو کریہہ اور گندے لہجے کو دھو دھلا کر مہذّب لہجے میں پیش کیا۔ کچھ لوگوں کا خیال ہے کہ وہی وہانوی کے خالق سعادت حسن منٹو تھے جب ان کو شرفاء، قدامت پسند جنتیوں نے گندہ فحش اور غلیظ ادیب قرار دینے کر بعد راندہ درگاہ کیا پھر انہوں نے ادب کے بازار میں پس پردہ رہتے ہوئے وہی وہانوی تخلیق کیا۔ ان کی وفات کے بعد اس نام کے پیچھے بہت سے چہرے بدلتے رہے لیکن منٹو جیسی بات کہاں تھی۔ ان کی جلد ہوا انکل گئی ان کا نام اب کسی کو یاد بھی نہیں ہے۔ ادھر وہی وہانوی سے متاثر ہو کر ماہر القادری نے کتاب "انگڑائی" {جنسی تصویر: اور دوسرے افسانے، ۱۹۴۳، لاہور} لکھی۔ اسی زمانے میں وہی وہانوی کا نام نسیم انہونوی سے بھی جوڑا گیا اور کہا گیا کہ یہی وہی وہانوی کا دوسرا نام ہے اور یہ انکشاف بھی ہوا کی وہی وہانوی کے نام سے یہ فحش اور اوباش ناولیں شوکت تھانوی لکھا کرتے تھے۔ جب اردو میں اس گندے اور فحش ادب کو شہرت ہوئی اور مقبول ہوا تو علی عباس حسینی نے سنجیدگی سے اس کا نوٹس لیا اور ان فحش ناولز کے توڑ کے طور پر ابن صفی کو جاسوسی ناولیں لکھنے پر اکسایا۔ حسینی صاحب ایک چھاپے خانے کے مالک بھی تھے۔ انھوں نے ابن صفی کے ساتھ مل کر الہ آباد میں "نکہت پبلی کیشنز" کے نام سے ایک اشاعتی ادارہ قائم کیا۔ مجھے یاد پڑتا ہے کہ ستر / ۷۰ کی دہائی میں کراچی سے شائع ہونے والے "عالمی ڈائجسٹ" میں زاہدہ حنا کا وہی وہانوی سے لیا گیا ہوا مصاحبہ / انٹرویو چھپا تھا۔ اس انٹرویو میں وہی وہانوی کی تصویر بھی تھی مگر اس میں ان کا چہرہ نہیں دکھایا گیا تھا۔ جو پیچھے سے کھینچی گئی تھی۔ وہی وہانوی کی ناولوں کو اردو کا "کوک شاستر" بھی کہا گیا۔ ایک زمانے میں وہی وہانوی کی ان ناولوں کو ایسی مقبولت اور تجارتی کامیابی نصیب ہوئی جو اردو کی کسی کتاب یا رسالے کو کم ہی ملی۔ اس زمانے میں رہائشی محلوں میں تجارتی بنیادوں پر لائبریریاں قائم تھیں۔ جیاں ایک کتاب ایک "آنہ" ادا کر کے

ایک دن کے لیے مل جایا کرتی تھی اور وہی وہانوی کی ناول کا ایک دن کا کرایہ ایک روپے ہوا کرتا تھا۔ یوں بھی ہوتا تھا کہ اس ناول کو حاصل کرکے بھائی لوگ اسے چار چار آنے پر مزید آگے دو دو گھنٹے پر کرائے پر دے دیا کرتے تھے۔ انٹرنیٹ کے آنے کے بعد ان ناولوں کی طلب نے دم توڑ دیا۔ کیونکہ اب کمپیوٹر پر وہی وہانوی کی ناولوں جیسی فحش کہانیاں پڑھنے کی با آسانی مل جاتی ہیں۔ مگر اب نئی نسل کو وہی وہانوی کا نام نہیں معلوم، اب وہ اردو میں قصہ پارینہ بن چکے ہیں۔ وہی وہانوی کی ناولوں کی فہرست یہ ہے:

ننگا شکاری، اوئی اوئی، جنسی محبت، جوانی کا انتقام، مستانی جاسوسہ، اور آگ بجھ گی، جولی، روزی، شیلا، کنوارے جذبات، رنگیلا ڈاکٹر، عیاش ڈاکٹر، رات کے شہزادے، کئی حرامزادے، رنگیلی ماں رنگیلا بیٹا، اٹھتی جوانی، تڑپتی جوانی، بہکی جوانی، زینبی، توبہ جوانی، مجبور جوانی، عیاش نازنین، آوارہ پھول، کچے پھول، ننگی عورت، چالو لڑکی، لاجو، تاجو، مستانی، مستانی، کیفے گرل، عصمت فروش، مجبور جوانی، جب جوانی آئی، جب لٹ گئی جوانی، جوانی کا طوفان، جوانی کے مزے، میرا نام ہے جوانی، بے چین لڑکی، جنم جنم کی پیاسی، بھیگی شلوار، ننگا بدن، گرم جوانیاں، جنسی جوانیان بے قرار جوانیاں، الہڑ جوانیاں، کوک شاستری لڑکیاں، حسن کا چور، رات کے شہزادے، ننگا بدن۔۔۔۔۔

* * *

ادب میں فحاشی کا مسئلہ
ڈاکٹر ناصر عباس نیر

دیگر بہت سے سماجی اور ثقافتی تصورات کی طرح فحاشی کی تعریف کرنا آسان نہیں۔ قصّہ یہ ہے کہ ثقافت کا ہر عمل اور تصور "اقدار سے لبریز" ہوتا ہے؛ یعنی بلند و پست، کم تر و برتر، مفید و غیر مفید، افضل و اسفل کے ان تصورات میں لپٹا ہوتا ہے جو منطقی کم، رواجی اور اعتقادی زیادہ ہوتے ہیں۔ چناں چہ فحاشی سمیت کسی بھی ثقافتی تصور کی ٹھیک ٹھیک تعریف مشکل ہے، تاہم اس پر ایک ایسی بحث ضرور کی جا سکتی ہے، جو اس سے وابستہ اقدار کے سیاق میں کی گئی ہو۔ مبین مرزا نے یہی کوشش کی ہے۔ اس قسم کی بحث مشکل تو ہے ہی، خاصی نازک بھی ہے۔ چوں کہ تمام اقدار رواجی اور اعتقادی ہوتی ہیں، اور یہ ثقافت کی جڑوں میں اتری ہوتی ہیں، اس لیے ان کی روشنی میں فحاشی پر بحث ایک طرف بعض پختہ اعتقادات کے جائزے کی صورت اختیار کر جاتی ہے اور دوسری طرف ثقافت کے بنیادی ڈھانچے کو کھدیڑنے کے مترادف ہو جاتی ہے۔ یہ بات اس بحث کو صرف مشکل بناتی ہے، جو چیز اسے نازک بناتی ہے وہ اور ہے: افضل و اسفل کے تصورات یعنی اقدار اپنی متعلقہ ثقافتوں میں اپنے محافظ خود پیدا کر لیتی ہیں؛ کبھی کوئی سماجی گروہ اور کبھی ریاست محافظ ہو سکتی ہے اور کبھی دونوں۔ ایک عجیب و غریب مگر بے حد اہم بات یہ ہے کہ محافظ طبقہ اپنی سماجی شناخت ہی ان اقدار کی حفاظت کے عمل میں

قائم کرنے لگتا ہے۔ یہ الگ بات ہے کہ اس کا یہ عمل بے لوث نہیں ہوتا؛وہ اقدار کی محافظت کے صلے میں کئی طرح کے مفادات کی فصل کاٹتا ہے۔ لہذا کوئی محافظ طبقہ پسند نہیں کرتا کہ وہ جن اقدار کے تحفظ کو اپنا دین ایمان سمجھتا ہے، ان پر سوال قائم کیے جائیں۔ اسے اپنی شناخت اور اس سے وابستہ مفادات خطرے میں نظر آنے لگتے ہیں۔ چنانچہ ثقافتی اقدار پر مباحثہ، بعض طبقات کو مشتعل کرتا ہے تو یہ قابلِ فہم ہے۔

فحاشی ایک ثقافتی تصور ہے۔ چوں کہ ہر ثقافت میں افضل و اسفل کے معیارات الگ الگ ہوتے ہیں،اس لیے ہر ثقافت میں فحاشی کا مفہوم بھی جدا ہوتا ہے اور بعض صورتوں میں متضاد ہوتا ہے۔ کسی ثقافت میں ایک پورے خاندان کا ننگا ہونا، فحش نہیں سمجھا جاتا تو کسی دوسری ثقافت میں محض سر (خاص طور پر عورت کے سر کا) کا ننگا ہونا ہی فحش قرار پا سکتا ہے۔ لہذا ابجا طور پر مبین مرزا نے مغرب اور مسلم معاشرے میں فحاشی کے مختلف تصورات پر روشنی ڈالی ہے۔ اہم بات یہ ہے کہ ایک ثقافتی تصور کے طور پر فحاشی اب ہر ثقافت میں وجود رکھتی ہے،ان معاشروں میں بھی جہاں لوگ اپنے جسم کو عریاں رکھتے ہیں۔ یہ اور بات ہے کہ ان کا فحاشی کا تصور ہم سے بہت مختلف ہے۔ تاہم واضح رہے کہ ہمیشہ سے ایسا نہیں تھا۔ فحاشی کا تصور ثقافت کے ساتھ ہی پیدا نہیں ہو گیا تھا۔ یہ ایک تاریخی تصور ہے جو بعض سماجی تبدیلیوں کے ساتھ اور ان کے نتیجے میں پیدا ہوا ہے۔ قدیم انسانی ثقافتوں میں انسانی جنسی اعضا کو عریاں رکھنے یا کھلے عام جنسی اعمال سر انجام دینے کو فحش نہیں سمجھا جاتا تھا۔ ڈاکٹر لیری فالس نے اپنی کتاب جب جنس مذہب تھا میں لکھا ہے کہ " بعض قدیم افریقی قبائل کو جب خاص خاص مواقع پر لباس پہننا پڑتا وان سے تقاضا کیا جاتا کہ وہ لباس پر مصنوعی جنسی اعضالٹکائیں۔" گویا ان کے لیے یہ تصور بھی محال تھا کہ انسانی جسم اپنا اظہار جنسی اعضا کے بغیر کر سکتا ہے۔ ان کے لیے نہ تو جنسی اعضا کا

نظارہ جنس کے شدید جذبے کو تحریک دینے کا باعث نہیں تھا اور نہ جنسی جذبہ خوف ناک اور گناہ سے آلودہ تھا۔ مگر جب امتناعات نے اخلاقی اور سماجی نظاموں کی صورت اختیار کی تو جنسی اعضا اور ان کے اخراج و تولید کے وظائف کے کھلے عام انجام دیے جانے یا ان کی تصویری و تحریری نمائندگی کو فحاشی قرار دیا جانے لگا۔ اس کے باوجود یہ بات نزاعی رہی کہ کس درجہ کی نمائندگی فحش ہے؟

بہ ظاہر یہ چونکا دینے والی بات ہے کہ فحاشی کا تصور، ثقافت کے ٹھیک اسی مرکز میں موجود ہوتا ہے جو اس کے بلند اخلاقی اور تہذیبی آدرش کا مقام بھی ہے۔ یہ اتفاق نہیں کہ فحاشی سے ابتذال، رکاکت اور بے ہودگی کے جو تلازمات وابستہ ہوتے ہیں، وہ دراصل خطرات ہیں جو کسی ثقافت کو اپنے ارفع اخلاقی آدرش کے حصول میں لاحق ہو سکتے ہیں۔ قدیم معاشروں میں ٹوٹم اور ٹیبو کے تصورات ایک دوسرے سے جدا نہیں تھے۔ فحاشی کے تصور میں کہیں نہ کہیں ٹیبو کا قدیم اساطیری تصور مضمر ہے؛ خاص طور پر جنس کو ٹیبو سمجھنے کا تصور۔ رابرٹ سمتھ کی ٹیبو کے سلسلے میں درج ذیل توضیح، فحاشی کی تفہیم میں معاون ہو سکتی ہے:

مقدس اور آلودہ اشیا میں یہ بات مشترک ہے کہ دونوں آدمی پر یہ پابندی عائد کرتے ہیں کہ آدمی ان کے قریب نہ پھٹکے۔ ان پابندیوں کو توڑنے میں مافوق الفطرت خطرات ہوتے ہیں۔ دونوں میں فرق اس سے ظاہر نہیں ہوتا کہ ان کا روزمرہ زندگی سے کیا رشتہ ہے بلکہ اس میں کہ دونوں کا دیوتا سے کیا رشتہ ہے؟ مقدس اشیا آدمی کے لیے نہیں، وہ دیوتاؤں سے متعلق ہیں۔ آلودگی سے احتراز کیا جاتا ہے کہ یہ دیوتاؤں کے لیے قابلِ نفرت ہے۔

لطف کی بات یہ ہے کہ دیوتاؤں سے وابستہ تقدس نے اشیا و مظاہر کی اعلیٰ و اسفل کی

جو درجہ بندی قائم کی، وہ تمام معاشروں میں اس وقت سے موجود رہی ہے جس وقت سے ان میں طاقت کا کوئی نہ کوئی مرکز موجود رہا ہے۔ بس دیوتا تبدیل ہوتے رہے ہیں۔ حتیٰ کہ غیر مذہبی معاشروں (اگرچہ کوئی معاشرہ مکمل غیر مذہبی نہیں ہوتا) میں بھی طاقت کا ایک ایسا مرکز موجود ہوتا ہے، جو علویت و سفلیت میں امتیاز کرتا ہے۔ جدید معاشروں میں ریاست کا کردار عموماً دیوتا کا ہوتا ہے اور وہی یہ بات طے کرتی ہے کہ لوگوں کے لیے کیا جائز اور کیا ممنوع ہے۔ اسی امتیاز کے ذریعے ریاست لوگوں پر غیر معمولی اختیار و قدرت حاصل کر لیتی ہے۔ یہ خاصے اچنبھے کی بات ہے کہ دنیا بھر میں آج بھی ریاست فحاشی کے تعین کا اختیار رکھتی ہے۔

یہ ایک غور طلب بات ہے کہ فحاشی ایک ثقافتی تصور کے طور پر خاصی پرانی ہے، مگر کیا وجہ ہے کہ جدید عہد ہی میں ایک مسئلہ بنی؟ تصور اور مسئلے کا فرق پیشِ نظر رہے۔ قبل جدید عہد میں عریاں تصاویر، ننگے مجسمے، کھلی ڈلی شاعری موجود تھی، مگر انھیں فحش نہیں سمجھا گیا تھا۔ مغرب میں روشن خیالی کے زمانے میں اور ہمارے یہاں نو آبادیاتی عہد میں انیسویں صدی کے اواخر میں فحاشی ایک مسئلہ بنی۔ مبین مرزا نے کہا ہے کہ ہمارے یہاں جعفر زٹلی کے بعد بیسویں صدی کے تیسرے اور چوتھے دہے میں فحاشی ایک مسئلہ بنی، جو درست نہیں۔ فحاشی کا سوال ١٨٥٧ء کے بعد پہلی مرتبہ اس وقت سامنے آیا، جب نصابی اور اخلاقی ضرورتوں کے تحت اردو اور فارسی کے کلاسیکی ادب کا جائزہ لیا جانے لگا اور نیا ادب پیدا کیا جانے لگا تھا۔۔۔ ایک مسئلے کے طور پر فحاشی کا تعلق "نمایندگی کی مختلف صورتوں" یعنی آرٹ سے ہے۔ یہ ایک دل چسپ تاریخی واقعہ ہے کہ جب تک آرٹ ایک محدود باذوق اشرافیہ طبقے تک محدود رہا، اس میں عریانیت کے مظاہر کے باوجود ان کے فحش ہونے کا مسئلہ سامنے نہ آیا؛ عریاں کو فحش اور مبتذل قرار نہیں دیا گیا مگر جوں ہی

آرٹ تک ہر عام و خاص کو رسائی حاصل ہوئی تو اس کے جزوی یا کلی طور پر فحش ہونے کا مسئلہ پیدا ہوا۔ یہ تو نہیں کہا جاسکتا کہ نشر و اشاعت کے جدید ذرائع فحاشی کے مسئلے کی آفرینش کے ذمے دار ہیں، مگر یہ ضرور کہا جاسکتا ہے کہ ان کی وجہ سے فحاشی کے مسئلے کو فروغ ملا ہے۔ یہ اتفاق نہیں کہ ابتدا میں فحاشی کی جو وضاحت کی گئی وہ آرٹ کے نئے بلا روک ٹوک ترسیلی کردار کے تناظر ہی میں کی گئی۔ ١٨٦٤ء میں برطانوی لارڈ جسٹس سر الیگزینڈر کوکبرن نے فحاشی کی تعریف میں لکھا کہ "میرے خیال میں فحاشی کی آزمائش یہ ہے کہ آیا وہ مواد جس پر فحاشی کا الزام لگایا گیا ہے، اس میں ان ذہنوں کو گمراہ اور بے راہ رو کرنے کا میلان ہے جو اس قسم کے غیر اخلاقی اثرات کی زد پر ہیں اور جن کے ہاتھ اس قسم کی تحریریں لگ سکتی ہیں۔ "آگے چل کر فحاشی کی جتنی تعریفیں ، قانون یا سماجی اخلاقیات کے محافظوں نے کیں ان میں آرٹ کی ہر کہ وہ مہ تک با آسانی رسائی ہی کو بنیاد بنایا گیا۔

انیسویں صدی کے اواخر میں نذیر احمد کے نصوح نے کلیم کا کتب خانہ جلانے کا فیصلہ جس بنیاد پر کیا، اس کی تفہیم ہمیں فحاشی کے مسئلے کے پیدا ہونے کی اصل رمز سے آشنا کراتی ہے۔"….. کیا اردو کیا فارسی سب کی سب کچھ ایک ہی طرح کی تھیں۔ جھوٹے قصے ، بے ہودہ باتیں، فحش مطلب ، لچے مضمون، اخلاق سے بعید ،حیا سے دور… معنی و مطلب کے اعتبار سے ہر جلد سوختنی اور دریدنی تھی… آخر کار یہی رائے قرار پائی کہ ان کا جلا دینا ہی بہتر ہے۔"اس آگ میں کلیاتِ آتش ،دیوانِ شرر، فسانہء عجائب، قصہء گل بکاؤلی، آرائشِ محفل، مثنوی میر حسن، مضحکاتِ نعمت خان عالی،منتخب غزلیاتِ چرکین، ہزلیاتِ جعفر زٹلی، قصائد ہجویہ مرزا رفیع سودا، دیوان جان صاحب، بہار دانش، اندر سبھا، دریائے لطافت ،کلیاتِ رند اور نظیر اکبر آبادی کی کتابیں

جل کر راکھ ہوتی ہیں۔ اس کا ایک سبب تو خود نصوح اپنی بیوی فہمیدہ سے بیان کرتا ہے، جب وہ اس لرزا دینے والے فعل کا سبب دریافت کرتی ہے: "جن کتابوں کو میں نے جلایا، ان کے مضامین شرک اور کفر اور بے دینی اور بے حیائی اور فحش اور بد گوئی اور جھوٹ سے بھرے ہوئے تھے۔" نیز [گلستاں] کی فہمیدہ کو تدریس کے دوران میں [بھلا تم کو یہ بھی یاد ہے کہ میں تمھارے سبق کے آگے سطروں کی سطروں پر سیاہی پھیر دیتا تھا...بڑی مشکل یہ تھی کہ میں ان واہی اور فحش باتوں کو تمھارے روبرو بیان نہیں کر سکتا تھا۔ پھر یہ اس کتاب کا حال ہے جو پند و اخلاق میں ہے اور تصنیف بھی ایسے بزرگ کی ہے کہ کوئی مسلمان کم تر ایسا نکلے گا کہ ان کا نام لے اور شروع میں حضرت اور آخر میں رحمتہ اللہ یا قدس سرہ العزیز نہ کہے۔"

اردو اور فارسی کی کتابوں پر بے حیائی، فحاشی اور بد گوئی کا الزام لگانے اور پھر خود ہی ایک قاہرانہ فیصلہ سنانے کا دوسرا سبب وہ نیا نظامِ اخلاق ہے جس کی تعلیم مقصود ہے اور جسے ماضی کے ادب کے لیے ایک مقیاس بنا لیا گیا ہے۔ گویا یہاں ادب کو ایک تعلیمی مقصد کی نظر سے دیکھا گیا ہے جو اجتماعی زاویہٴ نظر کی حامل ہونے کی مدعی ہوتی مگر حقیقتاً فقط ایک طبقے یعنی نوخیز ذہنوں کی قیادت کرنے کے نقطہٴ نظر کی علم بردار ہوتی ہے۔ حقیقت یہ ہے کہ جس وقت ادب اور آرٹ کو اخلاق کی تعلیم کا وسیلہ خیال کیا جانے لگتا ہے تو اسی وقت اس کے فحش ہونے کا مسئلہ سر اٹھانے لگتا ہے۔ اسی حقیقت میں ایک گہری رمز یہ بھی چھپی ہے کہ ادب کو تعلیم اخلاق کا وسیلہ بنا کر ریاست یا مقتدر سماجی ادارے نہ صرف اخلاق سازی کے لسانی و فکری وسائل پر اجارہ حاصل کر لیتے ہیں بلکہ لوگوں کی ذہنی دنیا پر حاکمانہ اقتدار بھی حاصل کر لیتے ہیں۔ یہ امتیاز کرنا دشوار ہوتا ہے کہ کہاں فحاشی ایک حقیقی اخلاقی تصور ہے اور کہاں مقتدر اداروں کی لوگوں کے ذہنوں پر اجارے کی ایک

چال ہے۔ دوسری طرف ادب جب تک باذوق قارئین کی ایک خاص جماعت تک محدود رہتا ہے، اس کے مخربِ اخلاق ہونے کا کہیں سوال نہیں اٹھایا جاتا۔ قارئینِ ادب کی مخصوص جماعت اخلاقی اقدار سے بے گانہ ہوتی ہے نہ ادب کی اثر اندازی کی صلاحیت سے بے خبر۔ اصل یہ ہے کہ وہ ادب اور اخلاق کے منطقوں کی جداگانہ سرحدوں میں یقین رکھتی ہے اور اسی بنا پر وہ ادب کے اثر کو اس کے منطقے کی سرحدوں ہی میں کارفرما دیکھتی ہے۔ دوسری طرف جب ادب کو تعلیمی مقصد کے لیے بروے کار لایا جانے لگتا ہے تو ادب اور اخلاق کی جداگانہ سرحدوں کا تصور فسخ کر دیا جاتا ہے؛ ادب سے بنیادی مطالبہ ہی یہ ہوتا ہے کہ وہ اخلاق کی تعلیم کا وسیلہ بنے۔ دوسرے لفظوں میں ادب کے جداگانہ جمالیاتی منطقے ہی کا سرے سے خاتمہ کر دیا جاتا ہے۔ لہٰذا زبیر رضوی کا یہ کہنا بجا ہے کہ "کل بھی اور آج بھی عریانی اور فحاشی کے نام پر ادب اور فنون کے نمونوں کو دل آزار اور مخربِ اخلاق ہونے کے جرم میں عدالت سے سزا کا مطالبہ کرنے والے وہی لوگ تھے اور ہیں جو ادب اور فنون کی جمالیات سے قطعاً نابلد ہیں۔" چوں کہ اخلاقی تعلیم میں بنیادی زور ان برائیوں کے انسداد پر ہے جن کا میلان عام انسانی فطرت میں موجود ہے یا جو حقیقی طور سماج میں دندناتی پھر رہی ہیں، اس لیے ادب میں ان برائیوں کا ذکر فقط اس صورت میں گوارا ہوتا ہے کہ ان کا انسداد ہوتا دکھایا گیا ہو، اس کے علاوہ برائی کے کسی بھی طرح کے بیان کو فحش سمجھا جاتا ہے۔ برائی کے بیان کو برائی کے فروغ سے تعبیر کیا جاتا ہے۔

مبین مرزا کا بنیادی تھیسس یہ ہے کہ "فحاشی کا تصور ہر معاشرے میں الگ ہوتا ہے اور اس کا تعین وہ ضابطۂ اخلاق کرتا ہے جسے اس معاشرے کی تہذیبی اقدار مرتب کرتی ہیں۔" اور "کسی قوم یا تہذیب کا نظام اقدار کس اصول کے تحت تشکیل پاتا ہے؟ یہ تشکیل پاتا ہے اس کے تصورِ حیات کے تحت۔" چناں چہ جب تصورِ حیات میں تبدیلی آتی

ہے تو تہذیبی اقدار بھی بدلتی ہیں اور اس کے نتیجے میں فحاشی کا تصور بھی تغیر کی زد پر آتا ہے۔ اپنے تھیسس کو مزید واضح کرتے ہوئے مرزا صاحب کہتے ہیں کہ "ویسے تو ہمارے یہاں وہ نظامِ اقدار جو معاشرے کو اکائی کی صورت جوڑ کر رکھتا ہے اور اس کے نظامِ اقدار کو قائم اور مؤثر رکھتا ہے، وہ لگ بھگ ڈیڑھ صدی پہلے ٹوٹ گیا تھا لیکن اس کے باوجود ہم نے بہت دنوں تک، اس نظامِ اقدار کو کسی نہ کسی درجے میں اپنے طرزِ احساس میں شامل رکھا" لیکن اب ہم ایک ایسی دنیا میں رہ رہے ہیں جو مذہبی اور روایتی اخلاقیات سے نہ صرف عاری ہے بلکہ اسے مسترد بھی کرتی ہے، لہٰذا اب فحاشی ہمارے لیے مسئلہ نہیں۔ مرزا صاحب کا یہ تھیسس (جو بڑی حد تک عسکری، سلیم احمد، سراج منیر اور جمال پانی پتی کی فکر سے مستنیر ہوا ہے) بعض اہم تاریخی واقعات کو نظر انداز کرتا ہے۔ مثلاً پہلا تو یہی کہ مرزا صاحب ۱۸۵۷ء سے پہلے کے جس ادب کو مذہبی اور روایتی اخلاقیات سے عبارت تصورِ کائنات کی پیداوار قرار دے رہے ہیں، ۱۸۵۷ء کے بعد اسی پر فحاشی کا ڈسکورس قائم ہوا۔ نصوح نے جن کتب کو نذرِ آتش کیا تھا، ان میں وہ سب عناصر موجود ہیں، جنھیں "روایتی اخلاقیات" کا کوئی بھی علم بردار آج بھی فحش قرار دے گا اور انھیں داخلِ نصاب کرنے میں ہچکچائے گا۔ دوسری بات یہ ہے کہ کم از کم پاکستانیوں کی اکثریت مذہبی اور روایتی اخلاقیات سے عبارت تصورِ کائنات ہی کی حامل ہے، اور اس اکثریت میں ہمارے دانش ور اور ادیب بھی خاصی تعداد میں شامل ہیں۔ ہماری عمومی تنقیدی فکر میں ادیب کا تصور آج بھی آتھر گاڈ کے طور پر کیا جاتا ہے اور ادبی متن کے پروٹوٹائپ کو مذہبی متن کے طور پر دیکھا جاتا ہے، جس کے معانی کی افزائش اور تعین میں مصنف کے منشا ہی کو اقتداری حیثیت حاصل ہوتی ہے۔ لہٰذا یہ رائے اختلافی ہے کہ اب ہم ایک غیر مذہبی تصورِ کائنات کے حامل ہو گئے ہیں۔ اگر مغرب کی طرح ہم بھی اس بشر مرکز تصورِ

کائنات کے حامل ہوتے تو اس کو اپنی فکر کا راہ نما بنا کر حسی و عقلی ذرائع کی مدد سے انسانی علوم کی تخلیق کر رہے ہوتے۔ جب کہ حقیقت یہ ہے کہ انسانی علوم کی روایت میں گزشتہ چار صدیوں سے ہمارا حصّہ صفر ہے۔ جہاں تک فحاشی کے مظاہر کے باوجود فحاشی پر سوالیہ نشان قائم نہ کرنے کا تعلق ہے تو دیکھنے والی بات یہ ہے کہ فحاشی کے مظاہر کہاں ہیں؟ انٹر نیٹ اور کیبل ٹی وی پر ہیں (جن پر اس وقت بحث مطلوب نہیں)، ادب میں تو نہیں ہیں۔ کیا معاصر ادب میں منٹو، عصمت، احمد علی، سجاد ظہیر کی طرح معاصر اخلاقیات کو چیلنج کرنے والے لوگ موجود ہیں؟ آج کا پاکستانی اردو ادیب، معاصر صورتِ حال پر یعنی پاکستانی اور امریکی خفیہ ایجنسیوں کے کھیل، جسے بنیاد پرستی اور طالبانائزیشن کا نام ملا ہے اور جس نے زندہ انسانوں اور آزاد انہ فکر پر خود کش حملوں کا لا متناہی سلسلہ پید ا کیا ہے، اس پر اس بے باکی سے لکھ رہا ہے جس کا مظاہر نو آبادیاتی دور میں ہمارے ادیبوں نے کیا؟ جن ادب پاروں پر فحاشی کے مقدمات قائم ہوئے، ان میں فقط رائج جنسی اخلاقیات کو چیلنج نہیں کیا گیا تھا، بلکہ سماجی طاقت پر کسی ایک یا زیادہ طبقات کی اجارہ داری کے تصور سے بھی انکار کیا گیا تھا۔ آج ہم مجموعی طور پر ریاست کی نظر سے دنیا اور زندگی کو دیکھتے اور جیتے ہیں۔ مطابقت پذیری بیش از بیش اور انحراف عنقا ہے۔

اصل یہ ہے کہ فحاشی ایک خاص تاریخی صورتِ حال ہی میں ایک مسئلے کے طور پر سامنے آتی ہے، اور اسی بنا پر اس میں وہ عناصر از خود ظہور کرتے ہیں جو اس تاریخی صورتِ حال کا لازمہ ہیں۔ مثلاً اردو ادب میں فحاشی، ایک مسئلے کی صورت اس وقت رو نما ہوئی جب بر صغیر نو آبادیاتی استبداد کا شکار تھا۔ استعماری حکم ران بر صغیر کے باسیوں کو تہذیب و شائستگی سے عاری، ان کی تاریخ کو ڈسپاٹک، زبانوں کو ورنیکلر یعنی غلاموں کی زبانیں، ادب کو مبالغے سے لبریز اور غیر اخلاقی قصوں کی جاگیر قرار دے رہے تھے؛ اور

انھی اسباب سے اور ان کے انسداد کی ہمہ گیر کوششوں کے تحت یہاں شائستگی یعنی سولائزیشن کے فروغ کی مساعی کر رہے تھے۔ لہٰذا اردو ادب میں فحاشی کی تشخیص اس استعماری استبداد نے کی جو برصغیر کو تہذیب و شائستگی سے عاری قرار دے رہا تھا، تا کہ وہ وکٹوریائی تہذیبی و اخلاقی تصورات کی یہاں ترویج کر سکے۔ گویا ایک نیا نظامِ اخلاق متعارف کرایا گیا، جس کے علم بردار وہی لوگ تھے جو اردو ادب میں اصلاح کی تحریک چلا رہے تھے، یعنی سرسید، محمد حسین آزاد، مولانا حالی، نذیر احمد، ذکاء اللہ، اور لطف کی بات یہ ہے کہ اردو ادب میں فحاشی کے نو بہ نو مظاہر کی دریافت بھی انھی بزرگوں کا کارنامہ ہے۔ اس تناظر میں ہمیں اس سوال کا جواب بھی مل جاتا ہے کہ جن بزرگوں کی کتابوں پر فحاشی و بد گوئی کا الزام رکھ کر سپردِ آتش کیا گیا، وہ اور ان کے پڑھنے والے کیوں ان کے فحش ہونے سے آگاہ نہیں تھے؟ جواب بے حد سادہ ہے : ان کے لیے زندگی کے حقیقی مظاہر کی ادب میں ترجمانی خلافِ شائستگی نہیں تھی۔ عطار کے لونڈے کا ذکر ہو یا ازاربند کا، یہ سب زندگی کا حصہ تھا۔ تاہم وہ اس بات سے اچھی طرح آگاہ تھے کہ زندگی میں شامل سب کچھ، ایک درجے کا نہیں ہوتا۔ تذکروں میں جن اشعار کا انتخاب پیش کیا جاتا تھا، اس سے اندازہ ہوتا ہے کہ ان بزرگوں کی نظر میں اشعار میں کہی گئی سب باتیں ایک درجے کی نہیں ہیں؛ کچھ اعلیٰ، کچھ معمولی، کچھ سوقیانہ ہیں، مگر زندگی ان سب سے عبارت ہے۔

کلیم کے کتب خانے کا جلایا جانا، ہمیں نئے نظامِ اخلاق کے علم برداروں کی اس نفسیات اور حکمتِ عملی سے بھی آگاہ کرتا ہے، فحاشی کے انسداد کے ضمن میں جسے عموماً اختیار کیا جاتا ہے۔ یہ نفسیات، طاقت کی ہے اور حکمتِ عملی، طاقت کے اندھے استعمال کی۔ طاقت کے اندھے استعمال کا نشانہ متن اور مصنف دونوں بنتے ہیں۔ اندھی طاقت کا

بہیمانہ استعمال ہر اس متن کو خاکستر کر دینے یا ضبط کر لینے میں یقین رکھتا ہے جو فحاشی کے زمرے میں آتا ہے۔اسی طرح ان کے مصنفین کو جیل میں ڈالنے یا جلا وطنی پر مجبور کر دیا جاتا ہے۔ یہ طاقت ہمیشہ ادارہ جاتی ہوتی ہے :فحاشی کے ضمن میں مذہب اور ریاست اپنی اس طاقت کا بے رحمانہ استعمال کرتے ہیں جو یہ طور ادارہ انھیں سماجی طور پر حاصل ہوتی ہے اور جس کے خلاف بغاوت کا مطلب پورے سماج سے ٹکر لینا ہوتا ہے۔

فحاشی کا مسئلہ ،بلاشبہ مذہبی اصلاح پسندوں اور ریاست کو طاقت کے اندھے استعمال کی غیر معمولی ترغیب دیتا ہے ،مگر اس کا یہ مطلب نہیں کہ اخلاقی اصلاح کے طوفانی جوش اور ریاستی جبر کو کسی ردّ عمل کا سامنا نہیں ہوتا اور انھیں اپنی طاقت کے یک طرفہ استعمال کی کھلی چھٹی ملتی ہے۔اصل یہ ہے کہ ادب کے خلاف فحاشی کی فردِ جرم ،ادیبوں کے لیے ایک آزمائش تو ثابت ہوتی ہی ہے ، انھیں ادب کی نہاد اور اس کی روشنی میں ادب کے سماجی کردار پر از سر نو غور کا موقع بھی ملتا ہے۔ادب کی نہادِ حقیقی کی جستجو میں ،ادیبوں پر پہلا انکشاف یہ ہوتا ہے کہ ادب فحش نہیں ہوتا؛ادب میں وہ ترغیب موجود ہی نہیں ہوتی، جسے فحاشی کی بنیاد گردانا جاتا ہے۔انیسویں اور بیسویں صدی میں جن ادیبوں (بادلیئر ،ولٹیئر ،لارنس ،منٹو ،اورن دھتی رائے)پر فحش نگاری کے الزامات عائد ہوئے، کسی نے ادب کے فحش ہونے کو تسلیم نہیں کیا۔منٹو نے 'ٹھنڈا گوشت' پر فحاشی کے مقدمے میں اپنا بیان جمع کرواتے ہوئے کہا کہ "یہ ایک طے شدہ امر ہے کہ ادب ہر گز ہر گز فحش نہیں ہو سکتا۔ افسانہ 'ٹھنڈا گوشت' کو اگر ادب کے دائرے سے باہر کر دیا جائے تو اس کے فحش ہونے نہ ہونے کا سوال پیدا ہو سکتا ہے۔" یہ انکار ایک طرف اس بات کے پر زور اثبات سے عبارت ہے کہ ادیب کو آزادی حاصل ہے ؛وہ اس بات کو اپنی آزادی کے خلاف سمجھتا ہے کہ کوئی دوسرا اس کی آزادی کے تصور اور آزادی کے حدود کا

تعین کرے ، دوسری طرف اس امر کو باور کرانا مقصود ہے کہ ادب پر اخلاقی زاویۂ نگاہ سے بحث کا مطلب ایک ایسے تناظر کو حاکمانہ مرتبہ دینا ہے جو ادب کی نہادِ حقیقی کے سلسلے میں "اندھا" ہے۔ اندھا کیا جانے بسنت کی بہار! ادب پر بحث ادبی تناظر ہی میں روا ہے ؛ اخلاقی اور سماجی تناظر ادب کے سلسلے میں اندھا ہوتا ہے کہ وہ ادب کی تفہیم ، ادب کی شرط پر نہیں ، اپنے مطالبات کی روشنی میں کرنے پر بضد ہوتا ہے۔ چناں چہ فحاشی کا مسئلہ ایک سطح پر اخلاقی اقدار کے مقابلے میں ادبی اقدار کی خود مختاری کے تحفظ کا مسئلہ بن جاتا ہے۔ تاریخی طور پر ادیب کی آزادی کا یہ تصور انیسویں صدی کی جمال پسندی کی تحریک کا زائیدہ ہے جس نے ادب کو کسی بھی خارجی معیار سے جانچنے کی کسی بھی روش سے انکار کیا۔ اس انکار کی بنیاد اس یقین پر تھی کہ ادب کی جمالیات ، انسان کی ایک ایسی عظیم یافت ہے ، جس کے آگے تمام دیگر سرگرمیاں ہیچ ہیں۔ چناں چہ جمالیات ، ادب کو خود مختار بناتی ہے اور اس کی جانچ کا واحد پیمانہ خود ادب کو قرار دیتی ہے۔ مثلاً آسکر وائلڈ کا مشہور قول ہے کہ ادب اچھا یا برا لکھا ہوا ہوتا ہے ؛ اخلاقی یا غیر اخلاقی نہیں ہوتا۔ دوسری طرف فحاشی کے بیانیے کی جہت اس کے یک سر برعکس ہے : یہ بیانیہ اخلاقی قدر کو اپنے مرکز میں رکھتا اور جمالیاتی قدر کو حاشیے پر دھکیلتا ہے۔ "آرٹ اینڈ اوبسینٹی" کے مصنف کرٹسن ہے کے یہ قول "فحاشی سے متعلق محاکمہ نہ صرف اخلاقی مذمت سے وابستہ رہا ہے ، بلکہ یہ کسی بھی جمالیاتی قدر کے انکار کے مساوی رہا ہے۔ اس لیے فحاشی سے متعلق فیصلہ عموماً ادب (یا عمل) کی اعلیٰ آرٹ کے مرتبے اور اخلاقی طور پر قابلِ قبول ہونے ، قانونی طور پر جائز ہونے اور فکری طور پر ارفع ہونے کے دائرے سے خارج کرنے کا تعین کرتا ہے۔ ان منطقوں [اعلیٰ آرٹ ، اخلاق ، قانون ، فکر] سے ادب کا اخراج اس امر کی توثیق کر دیتا ہے کہ ادب گھٹیا ، ناشائستہ ، غلیظ یا عریاں و فحش ہے اور اسے سرکاری کلچر ، شناخت

اور تائید] سے محروم کرکے [حاشیے پر دھکیل دیا جاتا ہے۔ "فحاشی کے نام پر ادب کو حاوی کلچر کی وضع کردہ شناختوں سے محروم کرنے کا عمل، اسے طاقت و مفادات کا کھیل بنا دیتا ہے۔ اس بات کی ایک بدیہی شہادت تو یہ ہے کہ ریاست کے آئین میں فحاشی کو اوّل تو واضح ہی نہیں کیا جاتا اور اگر تھوڑی بہت لفظ فحش پر روشنی ڈالی بھی جاتی ہے تو وہ بے حد غیر واضح ہوتی ہے۔ نو آبادیاتی عہد کی دفعہ ۲۹۲ (جو آج بھی پاکستان اور بھارت کے آئین کا حصہ ہے) میں فقط فحش مواد کی ترسیل کا ذکر ہے۔ اس کی وجہ جو بھی ہو، نتیجہ یہ ہے کہ کسی کتاب یا فن پارے کے فحش ہونے کا فیصلہ ایک جج کرتا ہے، جو ریاستی مشینری اور اس کی طاقت کا نمائندہ ہوتا ہے۔ اسے فحاشی کی تعریف وضع کرنے اور تشریح کرنے کے وسیع اختیارات حاصل ہوتے ہیں۔ لہذا یہ کہنا کچھ غلط نہیں کہ مقتدر طبقہ، خواہ وہ مذہبی اصلاح پسندوں پر مشتمل ہو یا ریاست، ادب کو ناشائستہ، گھٹیا اور بد نہاد قرار دے کر ادیب کی اس آزادی کو پابندِ سلاسل کرنا چاہتا ہے، جو طاقت، جبر، استحصال اور سماجی آلودگیوں کو طشت از بام کرتی یا اس کا امکان رکھتی ہے۔ یہ محض اتفاق نہیں کہ زیادہ تر انھی ادیبوں اور فنکاروں پر فحاشی کے الزامات عائد ہوئے جنھوں نے بے باکانہ سماجی یا نفسیاتی حقیقت نگاری کی روایت میں تخلیقات پیش کیں اور ان میں اصلاح پسندوں کے دعووں کی قلعی کھولی گئی تھی یا ریاست کے نظریاتی جبر تلے سسکتے وجود کے زخموں سے پردہ ہٹایا گیا تھا۔ اسے شاید ادب کا ایک اسرار ہی کہنا چاہیے کہ ادیب اپنی آزادی ادب کی جمالیات پر ناقابلِ شکست ایقان سے اخذ کرتا ہے، مگر اپنی آزادی کی حفاظت کے ضمن میں سماجی مقتدر سے متصادم ہوتا ہے۔ جمالیات اپنی خود مختاری کے دعوے میں سماجی و اخلاقی قیود سے بغاوت کرتی ہے مگر وہ کبھی "غیر سماجی" نہیں ہوتی۔ دل چسپ بات یہ بھی ہے کہ فحاشی کی زد پر آئے کسی متن میں بھی جنس بنیادی موضوع نہیں تھا (حالاں کہ

جنس موضوع ہو سکتا ہے)؛ان میں جزوی طور پر ، بنیادی موضوع کے تاثر کو واضح یا شدید بنانے کے لیے جنسی عمل کی کچھ تفصیل یا جنسی الفاظ در آئے تھے۔یہ سب مبین مرزا کے مضمون سے بھی ظاہر ہے۔انھوں نے فحاشی کے الزام کی زد پر آئے ہوئے منٹو کے افسانوں کا نہایت عمدہ دفاع کیا ہے اور اپنے دفاع کی بنیاد فن کی جمالیات اور شعریات پر رکھی ہے۔اس طرح یہ باور کرایا ہے کہ ادب میں فحاشی اصلاً فنی معاملہ ہے۔میرے خیال میں مرزا صاحب کا منٹو ، سولزے نتنس، کنڈیرا کی تحریروں اور فلموں رام تیری گنگا میلی اور روٹس کا فحاشی کے تناظر میں تجزیہ خود انھی کے بنیادی تھیسس سے غیر ہم آہنگ ہے؛ اس لیے کہ یہ سب مصنفین اور فلمیں اس عہد سے تعلق رکھتے ہیں جو ان کے تھیسس کے مطابق "مذہبی اور روایتی اخلاقیات " سے عاری ہے۔

فحاشی کے مقدمات نے ، اس مسئلے کی نسبت سے اگر مذہبی اور سیاسی طاقت کے کھیل کی کچھ رمزیں منکشف کی ہیں تو ادب میں فحاشی کے بے حد پیچیدہ سوال کے کچھ موزوں جوابات فراہم کرنے کی طرف پیش رفت بھی ان میں ملتی ہے۔مثلاً ادب پر فحاشی کے الزام کے جواب میں عام طور پر کہا گیا ہے کہ فحاشی کو مصنف کی نیت اور اس کے اثر کی روشنی میں طے کیا جانا چاہیے۔منٹو نے اپنے افسانے 'دھواں' کے دفاع میں لکھتے ہوئے واضح کیا کہ " تحریر و تقریر میں ، شعر و شاعری میں ، سنگ سازی و صنم تراشی میں فحاشی تلاش کرنے کے لیے سب سے پہلے اس کی ترغیب ٹٹولنی چاہیے ، اگر یہ ترغیب موجود ہے ، اگر اس کی نیت کا ایک شائبہ بھی نظر آرہا ہے تو وہ تحریر وہ تقریر ، وہ شعر ، وہ بت قطعی طور پر فحش ہے۔ " یہی اصول نیویارک ڈسٹرکٹ کورٹ کے جج جان ایم ولسی نے جیمس جوائس کے شہرہ آفاق ناول 'یولی سس ' پر فحاشی کے مقدمے کا فیصلہ لکھتے ہوئے پیشِ نظر رکھے تھے۔یولی سس ، جب ۱۹۱۸ء میں 'دی لٹل ریویو' میں شایع ہونا شروع ہوا تھا تو اس

پر فحش ہونے کا الزام عائد کیا جانے لگا تھا۔ مزے کی بات یہ ہے کہ ایک آئرش ناول پر فحاشی کا الزام امریکا کی ایک تنظیم "انجمن برائے انسدادِ گناہ" نے لگایا اور امریکا میں اس کی اشاعت کے خلاف آواز اٹھائی۔ ۱۹۳۲ء تک یولی سس کو امریکا میں فحش قرار دیے جانے کی وجہ سے شائع نہیں کیا گیا۔ ۱۹۳۳ء میں اسے بالآخر وولسی کے فیصلے سے اشاعت کی اجازت ملی۔ میر اندازہ ہے کہ خود منٹو نے اپنے دفاعی بیانات میں وولسی کے خیالات سے استفادہ کیا تھا۔ یہ ایک ایسا فیصلہ تھا جس میں قانون سے زیادہ، ناول کے فنی سیاق کی دریافت پر انحصار کیا گیا۔ جج نے ریاست کے غیر مشروط نمایندے کے بجائے، ایک منصف مزاج نقاد کا منصب نبھایا۔ اس فیصلے کا درج ذیل حصّہ ادب میں فحاشی کے الجھے ہوئے سوال کی کئی گرہیں کھولتا ہے اور فحاشی کے تعین کے معیارات پر خیال انگیز بحث کی بنیاد مہیا کرتا ہے۔

میں نے پورے یولی سس کا مطالعہ ایک مرتبہ، اور ان ٹکڑوں کا مطالعہ متعدد مرتبہ کیا ہے جن کے متعلق حکومت نے بہ طورِ خاص شکایت کی ہے۔ حقیقت یہ ہے کہ کئی ہفتوں تک میری فرصت کے اوقات اس فیصلے پر غور و تامل کے لیے وقف رہے ہیں جس کا صادر کرنا میرا فرض ہے۔ یولی سس ایسی کتاب نہیں جس کا پڑھنا یا سمجھنا آسان ہو، تاہم اس کے بارے میں کافی کچھ لکھا گیا ہے اور تجویز کیا جا سکتا ہے کہ اس کی تفہیم کے لیے ان کتابوں کی اچھی خاصی تعداد کا مطالعہ کرنا چاہیے جو، اب [یولی سس] کی طفیلی بن چکی ہیں... ادبی دنیا میں یولی سس کی شہرت نے میرے لیے ممکن بنایا کہ میں اتنا وقت کہ میں خود کو اس منشا[کے تعین کے سلسلے میں] مطمئن کر سکوں جس کے تحت کتاب لکھی گئی، اس لیے کہ کسی بھی صورت میں جب کسی کتاب کے فحش ہونے کا دعویٰ کیا جاتا ہے تو پہلے یہ طے کرنا ضروری ہے کہ آیا جس نیت کے تحت کتاب لکھی گئی، وہ عمومی زبان میں

فحش نگاری (پورنوگرافی) ہے ،یعنی فحاشی پھیلانے کی نیت سے لکھی گئی۔اگر نتیجہ یہ ہے کہ کتاب فحش ہے تو تحقیق اپنے انجام کو پہنچ جاتی ہے اور اس کے بعد کتاب ضبط ہو جانی لازم ہے۔ لیکن یولی سس میں،اس کے غیر عمومی بے تکلفانہ اسلوب کے باوجود، حسی لذت پرستی کا حربہ دکھائی نہیں دیتا۔اس لیے میرا موقف ہے کہ یہ فحش نگاری پر مبنی نہیں ہے۔یولی سس لکھتے ہوئے جوائس نے ادبی صنف میں ایک نیا(اگرچہ نادر نہیں) تجربہ کرنے کی سعی کی۔وہ ڈبلن میں ۱۹۰۴ء میں مقیم نچلے متوسط طبقے کے اشخاص کا انتخاب کرتا ہے اور نہ صرف اس سب کی تصویر کشی کرتا ہے جو وہ اس سال کے اوائل جون میں ایک خاص دن کرتے ہیں،جب وہ اپنے معمول کے کام پر شہر جاتے ہیں، بلکہ [جوائس] یہ بھی بیان کرتا ہے کہ ان میں سے اکثر اس دوران میں کیا سوچتے ہیں۔جوائس نے میرے نزدیک ایک حیرت انگیز کام یابی کے ساتھ یہ ظاہر کرنے کی کوشش کی ہے کہ کس طرح شعور کے پردے پر، [شعور کے] دم بہ دم بدلتے سیر بینی تاثرات، جیسے وہ کسی مصنوعی تختی پر [رونما ہو رہے] ہوں، کے ساتھ وہ سب موجود دہوتا ہے جو ہر آدمی کے حقیقی اشیا کے مشاہدے کے محیط میں آتا ہے،اور ماضی کے تاثرات کے پراسرار پاتالی سایوں، عکسوں میں ہوتا ہے؛ان میں سے کچھ حالیہ اور کچھ تحت الشعور کی قلم رو سے اصولِ تلازمہ کے تحت باہر آتے ہیں۔وہ دکھاتا ہے کہ کہ کس طرح ان میں سے ہر تاثر ان کرداروں کی زندگی اور رویّے کو متاثر کرتا ہے جنھیں وہ پیش کرتا ہے۔وہ جو کچھ حاصل کرنے کی کوشش کرتا ہے،وہ سینما فلم پر دوہرے یا ممکن ہو تو کثیر زاویوں سے روشنی پھینکنے کے عمل کے برعکس نہیں ہے،جو اگرچہ روشن پس منظر کے ساتھ واضح پیش منظر دیتا ہے، لیکن اپنے مختلف درجوں میں کہیں دھندلا اور بے مرکز ہوتا ہے۔میرا اندازہ ہے کہ وہ اثر جو صریحاً تصویری [گرافک] تیکنیک کا ٹھیک ٹھیک مرہونِ منت ہے

،اس کی لفظوں کے ذریعے ترسیل ہی اس ابہام کا بڑی حد تک باعث ہے جس سے یولی سس کا قاری دوچار ہوتا ہے۔اسی امر سے کتاب کے ایک اور پہلو کی وضاحت بھی ہوتی ہے، مجھے جس کو زیرِ غور لانا ہے؛یعنی جوائس کا اخلاص اور اس کی یہ ظاہر کرنے کی دیانت دارانہ کوشش کہ اس کے کرداروں کے ذہن ٹھیک کس طرح سوچتے ہیں۔اگر جوائس اس تیکنیک کو وضع کرنے میں دیانت دار نہ ہوتا جسے اس نے یولی سس میں اختیار کیا تو اس کا نتیجہ نفسیاتی طور پر گم راہ کن ہوتا اور اپنی منتخب تیکنیک سے عدم وفاداری کا مرتکب ہوتا۔ یہ طرزِ عمل فنکارانہ نقطہ ٔ نظر سے نا قابلِ در گزر ہوتا۔

چوں کہ جوائس اپنی تیکنیک سے وفادار رہا ہے اور اس کے لازمی مضمرات سے اس نے جی نہیں چرایا، بلکہ دیانت داری کے ساتھ وہ سب کچھ مکمل طور پر بتانے کی کوشش کی ہے، جو اس کے کردار سوچتے ہیں، اس لیے وہ اس قدر درشت تنقید کا نشانہ بنا ہے اور اس کا مقصد اکثر غلط سمجھا گیا اور غلط پیش کیا گیا ہے۔اس کی اپنے مقصد کو اخلاص اور دیانت داری سے حاصل کرنے کی کوشش کا یہ تقاضا تھا کہ وہ اتفاقاً کچھ ایسے الفاظ استعمال کرے جو عموماً رکیک سمجھے جاتے ہیں اور یہی کوشش اسے اس طرف لے گئی ہے کہ بہت سوں کا خیال ہے کہ اس کے کرداروں کے خیالات میں جنس سے غیر معمولی رغبت ہے۔جن لفظوں کو رکیک قرار دے کر تنقید کا نشانہ بنایا گیا ہے، وہ پرانے سیکسن الفاظ ہیں، جنھیں تقریباً تمام مرد جانتے ہیں اور میں یہ کہنے کی جسارت کروں گا کہ بہت سی عورتیں بھی جانتی ہیں اور مجھے یقین ہے کہ یہ وہ الفاظ ہیں جنھیں وہ طبقہ فطرتاً اور عادتاً استعمال کرتا ہو گا جس کی جسمانی اور ذہنی زندگی کو جوائس نے پیش کرنے کی کوشش کی ہے۔جوائس کے کرداروں کے ذہن میں جنس کے موضوع کے بار بار ابھرنے کے سلسلے میں یہ ہمیشہ یاد رہے کہ ان کا محل و قوع سیلٹک ہے اور موسم بہار کا ہے۔جوائس کی تیکنیک سے کوئی حظ

اٹھاتا ہے یا نہیں ، یہ ذوق کا مسئلہ ہے ، جس کے بارے میں اختلاف یا دلیل بے کار ہے ، لیکن اس تیکنیک کو کسی دوسری تیکنیک کے معیار کے تابع کرنا ، مجھے لغو لگتا ہے۔ بنا بریں میرا مؤقف ہے کہ یولی سس ایک مخلصانہ اور دیانت دارانہ کتاب ہے اور میرا خیال ہے کہ اس پر کی جانی والی تنقیدات اس کے منطقی جواز سے مکمل طور پر ردّ ہو جاتی ہیں۔

یولی سس ایسی کتاب نہیں جس کا پڑھنا آسان ہو۔ یہ کہیں آب و تاب کی حامل اور کہیں بے لطف ہے ، کہیں قابلِ فہم اور کہیں مبہم ہے۔ بہت سے مقامات پر مجھے کراہت انگیز لگی ہے لیکن ... مجھے کچھ ایسا نہیں ملا جسے میں 'رکاکت برائے رکاکت' قرار دے سکوں۔ جوائس اپنے قاری کے لیے جو تصویر بنانے کی کوشش کرتا ہے ، کتاب کا ہر لفظ اس تصویر کی تفصیل کے لیے موزیک کے ایک ٹکڑے کا کردار رکھتا ہے۔ اگر کوئی شخص اس مخلوق سے خود کو وابستہ نہیں کرنا چاہتا ، جسے جوائس نے پیش کیا ہے تو یہ اس کا اپنا انتخاب ہے۔ ایسی مخلوق سے بالواسطہ رابطے سے بچنے کے لیے کوئی شخص یولی سس نہیں پڑھنا چاہتا تو یہ بات قابلِ فہم ہے ؛ لیکن جب جوائس کی طرح کا لفظوں کا حقیقی فنکار ، یورپی شہر کے نچلے متوسط طبقے کی تصویر کھینچنے کی کوشش کرتا ہے تو کیا امریکی عوام کے لیے یہ تصویر دیکھنا قانوناً نا ممکن ہونا چاہیے ؟ اس سوال کا جواب دینے کے لیے محض یہ تلاش کرنا کافی نہیں کہ جوائس نے اس نیت سے یولی سس نہیں لکھا جسے عموماً فحش نگاری کی نیت کہا جاتا ہے۔ مجھے اس کتاب پر ایک زیادہ معروضی معیار کا اطلاق کرنا ہو گا: اس کے لکھے جانے کی نیت کو بالاے طاق رکھ کر اس کے مجموعی نتیجے کی روشنی میں اس کے اثر کا تعین کرنا ہو گا۔ ... لفظ فحش کا معنی ، جیسا کہ عدالتوں نے قانونی وضاحت کی ہے ، یہ ہے کہ وہ [مواد] جو فحاشی کی جبلت کو مرتعش کرے یا جنسی طور پر ناخالص اور ہوس انگیز خیالات ابھارے۔ آیا کوئی خاص کتاب اس قسم کی جبلت یا خیالات کو مشتعل کرتی ہے

،اس امر کا جائزہ عدالت کی رائے میں اس اثر کے حوالے سے لیا جاتا ہے جو وہ اوسط درجے کی جنسی جبلت کے افراد پر مرتب کرتی ہے۔ [یہاں وولسی اپنے دو دوستوں کو باری باری مدعو کرنے کے واقعے کا ذکر کرتا ہے، جو یولی سس کا مطالعہ کر چکے ہیں، ان سے ناول کے فحش ہونے نہ ہونے کی بابت رائے طلب کرتا ہے۔ وولسی کے دونوں دوست اس بات سے ناواقف تھے کہ وولسی ان سے کیوں یہ سوال دریافت کر رہا ہے۔] مجھے یہ جاننا دل چسپ لگا کہ ان دونوں نے میری رائے سے اتفاق کیا: یولی سس کو اوّل تا آخر ایک کتاب کی صورت میں پڑھنا جنسی خواہش یا ہوس انگیز خیالات کو تحریک نہیں دیتا، بلکہ اس کا کلی اثر ان پر ایک المیے کا تھا اور یہ مردوں اور عورتوں کی داخلی زندگی پر ایک بھرپور تبصرہ ہے ... قانون نارمل انسانوں سے متعلق ہوتا ہے۔ یولی سس جیسی کتاب کے لیے فحاشی کی آزمائش کا یہی مناسب طریقہ ہے، جو بنی نوع انسان کے مشاہدے اور [اس کے] بیان کے لیے نیا ادبی طریقہ وضع کرنے کی مخلصانہ اور سنجیدہ کوشش ہے۔ میں اس سے اچھی طرح واقف ہوں کہ یولی سس اپنے چند مناظر کی وجہ سے ایک طاقت ور گھونٹ ہے، جس کے بارے میں کچھ حساس مگر نارمل لوگوں سے پوچھا جا سکتا ہے کہ وہ لینا چاہیں گے کہ نہیں، لیکن طویل غور و فکر کے بعد میری بجی تلی رائے ہے کہ اگرچہ بہت سے مقامات پر یولی سس کا قاری پر اثر کسی حد تک قے آور ہے، مگر کہیں بھی یہ شہوت خیزی کی طرف مائل نہیں۔

اس فیصلے میں اور فحاشی کے تقریباً تمام مقدمات میں فحاشی کے تعین کا سوال دو محوروں پر گردش کرتا ہے: مصنف کی نیت اور قاری پر اثر۔ دونوں محور فحاشی کے تعین کو حتمی طور پر طے کرنے میں اس قدر مدد نہیں دیتے جس قدر اسے متنوع موضوعی تعبیروں کی آماج گاہ بناتے ہیں۔ مثلاً منشائے مصنف ہی کو لیجیے۔ فحاشی کے تعین میں اسے

جس وثوق سے بنیاد بنایا جاتا ہے، اسے واضح کرنے کے سلسلے میں اتنی ہی پہلو تہی کی جاتی ہے۔ یہ واضح کرنے کی کوشش نہیں کی جاتی کہ مصنف کی نیت سے مراد، وہ سارا خاکہ اور بلیو پرنٹ ہے جس کے تحت کوئی فن پارہ لفظ، رنگ، مٹی پتھر کی صورت اختیار کرتا ہے یا کسی فن پارے کی تخلیق سے پہلے کی وہ مجموعی نفسیاتی کیفیت ہے جو مصنف پر طاری ہوتی ہے؟ نیز کیا فن پارہ اپنی تکمیلی صورت میں اپنے مصنف کی قبل از تخلیق نفسیاتی کیفیت کا کامل مظہر ہوتا ہے، یا اس سے انحراف بھی کرتا ہے اور یہ باور کراتا ہے کہ مصنف کی نیت سے مراد فن پارے کی تخلیق کے پیچیدہ عمل کا فقط پہلا اور بے حد مبہم مرحلہ ہے؟ اگر ہم منشائے مصنف کا ایک واضح تصور کرنے میں کام یاب ہو بھی جائیں تو اگلی مشکل یہ ہوتی ہے کہ اس تک رسائی کا کیا ذریعہ ہے؟ اصولاً تو معتبر ذریعہ خود مصنف کے اپنے فن پارے کے بارے میں بیانات ہیں، مگر یہ عام طور پر موجود نہیں ہوتے؛ مصنفین اپنے ہر متن کی تخلیق کے منشا پر روشنی نہیں ڈالتے اور اگر کسی خط، مضمون یا انٹرویو میں اس بابت کچھ کہتے بھی ہیں تو وہ اس متن کا یا تو محرک ہوتا ہے یا پھر اس متن پر ایک عمومی تبصرہ۔ منٹو نے اپنے افسانوں: کالی شلوار، دھواں، بو، ٹھنڈا گوشت، اوپر نیچے درمیان پر مقدمات کے جواب میں ان کے منشائے تخلیق کا جو ذکر کیا ہے، وہ ان افسانوں کی محض تشریح ہے، جس میں یہ ثابت کرنے کی کوشش کی گئی ہے کہ یہ افسانے فحاشی کی نیت سے نہیں لکھے گئے۔ لہذا منشائے مصنف تک رسائی کا دوسرا اور نسبتاً قابلِ اعتماد ذریعہ خود وہ متن ہے، لیکن جب ہم کسی متن کا مطالعہ، اس زاویے سے کرتے ہیں تو جو کچھ ہمارے ہاتھ لگتا ہے، وہ اس متن کا موضوع، ہیئت، اسلوب اور تیکنیک ہے۔ اس صورت میں مصنف کی نیت کو، فن پارے کے جملہ عناصر کو یک جا کرنے والی قوت ہی قرار دیا جا سکتا ہے۔ جیسا کہ یولی سس کے سلسلے میں وولسی نے کیا ہے۔ لیکن سوال یہ ہے کہ اگر

ہمیں کسی فن پارے کی اس تہ نشین ساخت ہی کو گرفت میں لینا ہے جس نے اس فن پارے کے تمام اجزا کو ایک جا کیا اور فن پارے کے مجموعی نظام میں ہر ایک کا مقام اور کردار متعین کیا ہے تو اسے مصنف کی نیت کا نام دینا کہاں مناسب ہے؟ لہٰذا یہ بات تو واضح ہے کہ فحاشی کے سوال کا محور کسی فن پارے کی تہ نشین ساخت ہی ہے۔ آج تک جتنے بھی فن پاروں پر فحاشی کے الزامات لگائے گئے، وہ ان کے بعض حصوں پر تھے اور ان حصوں کو فن پارے کے کلی نظام سے کاٹ کر دیکھا گیا تھا۔

فن پارے کے اثر کی نسبت سے فحاشی کا سوال کہیں زیادہ ٹیڑھا ہے اور اس میں موضوعی تعبیروں کی کہیں بڑھ کر گنجائش ہے۔

اثر سے بڑھ کر کوئی چیز موضوعی نہیں۔ اثر، سادہ مفہوم میں وہ احساساتی کیفیت ہے جو خارج اور داخل کے نقطۂ اتصال پر پیدا ہوتی ہے۔ زیرِ بحث موضوع کے حوالے سے دیکھیں تو اثر سے مراد احساس اور عمل کی تحریک دینے والا خیال ہے جو ادب پارے اور اس کی قرأت کے تال میل سے پیدا ہوتے ہیں۔ اب ظاہر ہے کوئی قرأت خالی الذہن نہیں ہوتی۔ ہر قرأت میں قاری کا داخلی و شخصی تناظر نہ صرف پوری قوت سے موجود ہوتا ہے بلکہ قرأت پر شدت سے اثرانداز بھی ہوتا ہے۔ یہ کہنا تو مشکل ہے کہ ہر قاری کے پاس ایک الگ شخصی تناظر ہے اور ہر ادب پارے کے اتنے ہی معانی اور اثرات ہیں جتنے اس کے قارئین ہیں۔ فطرت ابھی اتنی فیاض نہیں ہوئی کہ وہ ہر آدمی کو دیکھنے اور سمجھنے کا ایک قطعی منفرد زاویۂ نگاہ عطا کر دیا کرے۔ دوسری طرف ہر شخص اس وسعتِ مطالعہ اور غور و تدبر کا عادی نہیں ہوتا، جو ایک منفرد تناظر کی تشکیل کے لیے ضروری ہے۔ اصل یہ ہے کہ 'شخصی تناظرات' کے مختلف گروہ ہوتے ہیں اور جنہیں قارئین ان سماجی طبقات سے لاشعوری طور پر جذب کرتے ہیں جن کے ذریعے وہ اپنی سماجی شناختیں

قائم کرتے ہیں۔ لہٰذا ایک سماج میں ادب و فن کی قرأت کے اتنے ہی "شخصی تناظرات" ہیں، جتنے اس سماج میں طبقات (معاشی، فکری، آئیڈیالوجیکل، نسلی، لسانی) ہیں۔ اس وضاحت کی روشنی میں ہمیں اس سوال کا جواب مل سکتا ہے کہ آخر ایک ہی ادب پارہ ایک طبقے کے لیے جمالیاتی فضیلت کا حامل ہے اور دوسرے طبقے کے لیے، وہ اخلاقی طور پر اسفل ہے۔ منٹو کے افسانہ 'ٹھنڈا گوشت' پر ۱۹۵۰ء فحاشی کے مقدمے میں گواہوں کے بیانات سے یہی حقیقت پوری طرح واضح ہوتی ہے۔ کچھ نقادوں کے لیے اس افسانے میں جنسی ترغیب تو دور کی بات، اس کا اثر افسردگی اور پژمردگی کا ہے، جب کہ بعض کے لیے اس سے زیادہ گندہ مضمون کوئی اور نہیں۔ سید عابد علی عابد نے اس افسانے کے بارے میں کہا تھا کہ "یہ افسانہ میرے سب بچوں اور بچیوں نے پڑھا ہے۔۔۔۔ خاص آدمیوں سے جو کہ ادیب ہیں، اس افسانے کے بارے میں میرا تبادلہ خیالات ہوا۔ سب نے اس کو بہت سراہا۔" ڈاکٹر سعید اللہ نے کہا کہ "ٹھنڈا گوشت پڑھنے کے بعد میں خود ٹھنڈا گوشت بن گیا ہوں۔ پژمردگی اور افسردگی، یہ تھا اس کا اثر۔ یہ افسانہ شہوانی ہیجان ہر گز پیدا نہیں کرتا۔" صوفی غلام مصطفی تبسم کی رائے تھی کہ "کوئی افسانہ یا ادب پارہ فحش نہیں ہو سکتا۔" جب کہ علامہ تاجور نجیب آبادی نے کہا کہ "ٹھنڈا گوشت کسی مسجد یا کسی مجلس میں جماعتی حیثیت میں سننا پسند نہیں کیا جا سکتا۔ اگر کوئی پڑھے تو اپنا سر سلامت لے کے نہ جا سکے۔ چالیس سالہ ادبی زندگی میں ایسا ذلیل اور گندہ مضمون میری نظر سے نہیں گزرا۔" ڈاکٹر ایم ڈی تاثیر کے مطابق "میرے خیال میں جن لوگوں کا میلان بدکاری کی طرف ہے، ان کے لیے اس مضمون میں جنسی ترغیب موجود ہے۔ جس شخص کی طبع میں میلان بدکاری نہ ہو، اسے اس مضمون سے جنسی کراہت ہوگی، جنسی ترغیب نہیں ہوگی۔ ٹھنڈا گوشت کا مطلب مردہ لڑکی ہے۔ میں اس کہانی کو ایک عام جنسی کہانی سمجھتا

ہوں۔ یہ جنسی اخلاق خراب نہیں کرتی۔ "یہ آرا، جتنے منہ اتنی باتوں کے مصداق ہرگز نہیں۔ اصلاً یہ دوہی قسم کی آرا ہیں اور دو تناظرات کی زائیدہ ہیں جو باہم متصادم سمجھے گئے ہیں: ادبی اور اخلاقی۔ لہذا اثر کے حوالے سے فحاشی کا سوال ہمیں خود یہ خود قرأت کے تناظر اور پھر سماجی شناختوں تک لے جاتا ہے۔

۱۹۹۷ء میں ارون دھتی رائے کے ناول 'گاڈ آف سمال تھنگس' پر کیرالہ کی عدالت میں سبو تھامس ایڈووکیٹ نے فحاشی کا مقدمہ دائر کیا تھا۔ ناول کے بنیادی تھیم کو نظر انداز کرتے ہوئے، ایک خاص حصے کو فحش قرار دیا گیا۔ یہ حصّہ 'اینگلو انڈین' عیسائی خاندان کی امّو کو چما اور اچھوت ویلوتھا کی پرجوش محبت کے 'عریاں مناظر' پر مشتمل ہے۔ استغاثے نے فقط 'اورل سیکس' پر مبنی عریاں مناظر کے مخربِ اخلاق ہونے پر اعتراض نہیں کیا، (اور ناول کے اس حصے پر بھی انگلی نہیں رکھی جس میں ایک ننھے بچے سے جلق لگوانے کا وقوعہ بیان ہوا ہے جو انتہائی کرب ناک ہے) بلکہ یہ شکایت بھی کی کہ کیرالہ کی شامی عیسائی کمیونٹی (جس کا وہ خود ایک فرد ہے) کی دلآزاری بھی ہوئی ہے۔ ایک اعلیٰ طبقے کی عورت کا ایک دلت سے معاشقہ، ان کی کمیونٹی کی توہین ہے۔ وہ ایک "فحش منظر" کی قرأت اپنی سماجی شناخت کے تناظر سے ہٹ کر نہیں کر سکا۔ دوسرے لفظوں میں جسے جنسی ترغیب کا نام دیا جاتا ہے، وہ محض عورت اور مرد کے جسمانی تعلق سے متعلق نہیں ہوتی، بلکہ ان کی طبقاتی شناختوں کو متاثر کرنے کا میلان بھی رکھتی ہے۔ حقیقت یہ ہے کہ سبو تھامس اور علامہ تاجور کے اعتراضات میں کچھ زیادہ فرق نہیں۔ ایک کو اپنی اعلیٰ طبقاتی شناخت خطرے میں محسوس ہوئی اور دوسرے کو اپنی اعلیٰ مذہبی و اخلاقی شناخت پر زد پڑتی محسوس ہوئی۔ دونوں کی مذمت میں شدت ہے اور دونوں کے نزدیک ادب میں جنس کا ذکر خواہ کسی پیرائے میں ہو اور خواہ لازمی فنی

ضرورت کے تحت ہو،وہ جنس کی ترغیب کے مساوی ہوتا ہے۔

اس سلسلے کی آخری بات! فحاشی کے مسئلے کے ساتھ اس گہرے نفسیاتی خوف کا لرزہ ہمیں بار بار محسوس ہوتا ہے جو قدیم زمانے سے جنس کا پیدا کردہ ہے۔

***

ادب اور فحش نگاری : ایک فکری اور نظریاتی مخاطبہ

احمد سہیل

اردو میں ادبی فحش نگاری {pornography} پر قدرے کم لکھا گیا ہے۔ حالانکہ اردو کی شاعری میں بھی فحش نگاری بڑے محتاط انداز سے اور کہیں کہیں خاصے کھلے انداز میں بیاں کیا گیا ہے۔ محمد حسن عسکری نے اپنے ایک مضمون " ادب و فن میں فحش کا مسئلہ " میں لکھتے ہیں ۔ " اگر موجودہ ادب میں فحش موجود ہے تو اسے ہوّا بنانے کی کوئی معقول وجہ نہیں ۔ اگر آپ لوگوں کو فحش کی مضرتوں سے بچانا چاہتے ہیں تو انھیں یہ سمجھنے کا موقع دیجیے کہ کیا چیز آرٹ ہے اور کیا نہیں ہے اور آرٹ کیوں فحش، اخلاقیات، سیاست اور اقتصادیات سے بہتر اور بلند تر ہے۔ جو شخص آرٹ کے مزے سے واقف ہو جائے گا، اس کے لیے فحش اپنے آپ پھسپھسا ہو کر رہ جائے گا۔ کم سے کم اپنی ذہنی تندرستی کے دوران میں تو وہ فحش کو چھونا بھی نہیں چاہے گا۔ سب سے نفیس پہچان فحش اور آرٹ کی یہی ہے کہ فحش سے دوبارہ وہی لطف نہیں لے سکتے جو پہلی مرتبہ حاصل کیا تھا۔ آرٹ ہر مرتبہ نیا لطف دیتا ہے۔ اس توازن اور ارتقاع کی مثال کے طور پر مجھے فراق صاحب کا شعر یاد آتا ہے ۔

ملے دیر تک ساتھ سو بھی چکے

بہت وقت ہے آؤ باتیں کریں

اردو کی جنسی شاعری میں بہت کم ایسے شعر ہوں گے جن میں یہ معصومیت، یہ ذہنی لطافت، آرٹ کا یہ تحیر پایا جاتا ہو۔ میں اس شعر کو دہرانے سے کبھی نہیں تھک سکتا۔

فن کا تناسب بذاتِ خود ایسی چیز ہے جو گندی سے گندی بات کو بے ضرر بنا دیتا ہے اور فنون میں یہ تناسب لکیروں، رنگوں وغیرہ کی شکل میں ظاہر ہوتا ہے۔ ادب میں بیانیہ انداز کے لوازمات بھی اس کی ایک قسم ہیں، مثلاً شیخ سعدی کا مشہور مصرعہ، "ہمیں یہ جملۂ اول عصائے شیخ بخفت " اور پھر قہقہہ تو بڑی سے بڑی غلاظت کو دھو دیتا ہے اور عقل؟ ایسے لوگوں کے نام یاد کیجیے جن کی عقل واقعی خوف ناک قسم کی تھی اور پھر یہ غور کیجیے کہ انھوں نے کتنی عریانی برتی ہے۔ دو چار نام تو مجھ سے سنیے۔ رابیلے، چوسر، شیکسپیئر، سوئفٹ، والٹیر، جوائس ۔۔۔۔۔"

ابونواس، عمر خیام، حافظ شیرازی جیسے عربی فارسی شعرا پر فحش نویس ہونے کا الزام اکثر لگتا رہا ہے۔ اردو میں شاہ مبارک آبرو، شرف الدین مضمون، شاکر ناجی، خان آرزو، میر تقی میر، چرکین، نورالاسلام منتظر سے امام بخش ناسخ تک کئی کلاسیکل شعرا اور جدید اردو کے شعرا میں ن م راشد، میرا جی، فہمیدہ ریاض وغیرہ اس الزام سے محفوظ نہ رہ سکے۔ اردو کے کے سب سے کھلے اور مخرب اخلاق اور گندی زبان کے فحش نگار ناول نگار وہی وہانوی تھے۔ جنھوں نے ۵۲ کے قریب ناولیں لکھی۔ منٹو، واجدہ تبسم پر بھی فحش نگاری کا الزام لگایا جاتا رہا ہے

سعادت خان ناصر کی کتاب "تذکرہ معرکہ زیبا" میں کئی ایسے اردو شعرا کے اشعار مل جاتے ہیں۔ جو فحش نگاری کے زمرے میں آتے ہیں۔ علی عباس جلالپوری نے اپنی کتاب "جنسیاتی مطالعے" میں رقم طراز ہیں " فحش نگاری ادبیات کا ایک اہم مسئلہ ہے،

اس کی روایت قدمائے یونان و روم سے یادگار ہے۔ یونان قدیم میں فحاشی کی دیوی تھی جس کے سالانہ تہوار پر مرد عورتوں کا اور عورتیں مرد کا لباس پہنتی تھیں اور ہر قسم کے کجروی کے مظاہرے کئے جاتے تھے۔ ہومر نے ایلیڈ میں خداوند خدا ازیس اور اس کی زوجہ ہیرا کی مواصلت ساٹھ مصرعوں میں بیان کی ہے جو نہایت ہوس پرور ہے۔ وہ اوڈیسی میں لکھتا ہے کہ ایک دن دیوتا ہیفےسٹس نے اپنی زوجہ افرودائٹی کو دیوتا ایرز کے ساتھ ناگفتہ بہ حالت میں دیکھا تو وہ تمام دیوتاؤں کو بلالایا اور انہیں یہ منظر دکھایا، ہومر نے اس منظر کی وصف نگاری میں خوب خوب پیر پھیلائے ہیں۔ قدیم روم میں فحش نظمیں لکھی جاتی تھیں۔ جوان لڑکے اور لڑکیاں انہیں چھپ لک کر پڑھا کرتے تھے۔

ایک باقاعدہ تحریک کی صورت میں فحش نگاری کا آغاز ۱۷ ویں صدی عیسوی میں ہوا اور ۱۸ ویں صدی میں فحش تحریریں تمام مغربی ممالک میں رواج پا گئیں۔ وکٹوریہ کے عہد حکومت میں فحش نگاری کے وہ تمام اسالیب معین ہو گئے جو آج تک باقی ہیں مثلاً سائنسی مقصد کے لئے جنسی فعل کا تفصیلی تذکرہ، علم الانسان اور تقابلی مذہب کے نام پر قدیم اقوام و مذاہب کی عجیب و غریب جنسی رسوم کا ذکر، لوک ہت کہاؤ اور لوگ گیتوں کے حوالے سے فحش نگاری کرنا، شادی کے ہدایت نامے وغیرہ۔

فحش نگاری، کتابوں، تصویروں، مجسموں، فلموں اور دیگر میڈیا میں جنسی رویے کی نمائندگی ہے جس کا مقصد جنسی ہیجان پیدا کرنا ہے۔ فحش نگاری (غیر قانونی اور مذمت شدہ مواد) اور ایروٹیکا (جسے بڑے پیمانے پر برداشت کیا جاتا ہے) کے درمیان فرق بڑی حد تک موضوعی ہے اور کمیونٹی کے بدلتے ہوئے معیارات کی عکاسی کرتا ہے۔ پورنوگرافی کا لفظ، یونانی پورنی ("طوائف") اور گرافین ("لکھنا") سے ماخوذ ہے، اصل میں فن یا ادب کے کسی بھی کام کے طور پر بیان کیا گیا تھا جس میں طوائفوں کی زندگی کی عکاسی کی گئی

تھی۔

چونکہ فحش نگاری کی تعریف ہی موضوعی ہے،اس لیے فحش نگاری کی تاریخ کا تصور کرنا تقریباً ناممکن ہے۔ایسی تصویر جو ایک معاشرے میں شہوانی، شہوت انگیز یا یہاں تک کہ مذہبی سمجھی جاسکتی ہے، دوسرے معاشرے میں اسے فحش قرار دیا جاسکتا ہے۔ اس طرح،۱۹ویں صدی میں ہندوستان جانے والے یورپی مسافر اس بات سے حیران رہ گئے کہ وہ کھجوراہو جیسے ہندو مندروں پر جنسی تعلق اور جماع کی فحش نمائشوں پر غور کرتے تھے (تصویر دیکھیں)؛ زیادہ تر جدید مبصرین شاید مختلف ردعمل ظاہر کریں گے۔ بہت سے معاصر مسلم معاشرے اسی طرح بہت سی موشن پکچرز اور ٹیلی ویژن پروگراموں پر "فحش نگاری"کا لیبل لگاتے ہیں جو مغربی معاشروں میں ناقابل اعتراض ہیں۔ ایک کلچ کو اپنانے کے لیے، فحش نگاری دیکھنے والے کی نظر میں بہت زیادہ ہے۔

فحش نگاری کی اصطلاح بنیادی طور پر، جنسی سرگرمیوں کی تصویری اور ادبی نمائندگی کا احاطہ کرتی ہے۔ ادبی فحش نگاری ڈرامے، شاعری اور نثری افسانوں میں تخلیق کی گئی ہے، چاہے وہ مختصر کہانیاں ہوں شاعری ہوں، ڈرامہ ہو یا ناول ہو۔

اس مضمون میں سب سے پہلے اجازت یافتہ شہوانی، شہوت انگیز ادب اور ادب کی قسم کے درمیان سمجھے جانے والے فرق کو واضح کرنے کوشش کی جائے گی جسے فحش سمجھا جانا چاہیے اور اس لیے ممنوع ہے۔ میں خاص طور پر اس بات کی نشاندہی کرنا چاہوں گا کہ پیروی کرنے والی وضاحتیں اور رہنما خطوط نئے نہیں ہیں اور در حقیقت اس کی تفصیل ہے جس طرح سے deviantARTپالیسی کو کئی سالوں سے ادب پر لاگو کیا گیا ہے۔

شہوانی، شہوت انگیز اور فحش نگاری کے درمیان فرق جیسا کہ لغت کی تعریفوں میں بیان کیا گیا ہے، کافی حد تک غیر موجود ہے، کیونکہ زیادہ تر شہوانی، شہوت انگیز سمجھا جاتا

ہے واضح جنسی موضوعات پر مشتمل ہے۔ اس لیے ہمیں واضح کرنا چاہیے کہ، جب اس بحث کے دوران شہوانی، شہوت انگیز اصطلاح استعمال کی جاتی ہے، تو اس کا مقصد ادب کی نمائندگی کرنا ہوتا ہے جسے ہلکے جنسی مواد کے ساتھ زیادہ واضح طور پر رومانوی کے طور پر بیان کیا جا سکتا ہے۔ اس سلسلے میں ہم براہ راست جنسی مواد کی قسم کا حوالہ دیتے ہیں جو عام 'R' ریٹیڈ فلم یا مرکزی دھارے کے رومانوی ناول میں پایا جا سکتا ہے۔

• پورنوگرافک لٹریچر یا فحش ادب کی تعریف اور اس کو مختصر ایوں بیان کیا جا سکتا ہے گندی باتیں لکھنے والا، بیہودہ لکھنے والا، وہ ادیب یا مضمون نگار جو جنسی بے راہ روی کا برہنہ الفاظ میں ذکر کرے۔

پورنوگرافک لٹریچر کو لکھا گیا ادب کہا جائے گا جس میں کہانی کا واحد ظاہری مقصد واضح طور پر بیان کردہ جنسی تصادم کے لیے ترتیب فراہم کرنا ہے۔ اس طرح کا لٹریچر خاص طور پر جنسی حرکات کی وضاحت میں گرافک ہوتا ہے اور اکثر زبان کا سہارا لیتا ہے جسے فحش سمجھا جا سکتا ہے۔ عام طور پر، فحش لٹریچر کو جنسی تعلقات کے لیے دو یا دو سے زیادہ کرداروں کو ایسی صورت حال میں ڈالنے اور پڑھنے والے کو جنسی طور پر اکسانے یا حوصلہ افزائی کرنے کے لیے ان تعلقات کو کافی تفصیل سے بیان کرنے کے علاوہ بہت کم مقصد کے طور پر تسلیم کیا جا سکتا ہے۔

فحش ادب اچھی طرح سے لکھا جا سکتا ہے اور اس میں پلاٹ یا متعلقہ سیاق و سباق شامل ہو سکتے ہیں لیکن بالآخر لوگوں، اشیاء، جانوروں وغیرہ کے درمیان واضح جنسی عمل کی وضاحت کے ذریعے جنسی جوش پیدا کرنے کا سہارا لیا جائے گا۔ شہوانی، شہوت انگیز کے برعکس فحش کے طور پر لیا جاتا ہے۔

جیسا کہ اس نوعیت کی تمام چیزوں کی طرح اس بات کا تعین کرنا کہ آیا کوئی کام فحش

ہے یا شہوانی، شہوت انگیز ہے، جائزہ لینے والے عملے کے رکن کی ذمہ داری ہے اور یہ فیصلہ مکمل کام کو پڑھنے اور استعمال کی گئی درست زبان کی جانچ کرنے کے بعد کیا جاتا ہے۔

یہاں ہم واضح تحریر کی تعریف کے طور پر کریں گے جو تخیل پر بہت کم چھوڑنے کے لیے بنائی گئی ہے۔ جنسی اعمال تفصیلی اور گرافک ہوتے ہیں اور اکثر (اگرچہ ہمیشہ نہیں) بہت واضح انداز میں بیان کیے جاتے ہیں۔ چونکہ فحش نگاری کا مقصد قاری کو آمادہ کرنا اور بیدار کرنا ہوتا ہے، لہٰذا استعمال کی جانے والی زبان اور کرداروں کی حرکتیں قاری کو ہر جنسی فعل کی تفصیلی وضاحت فراہم کرنے پر مرکوز ہوتی ہیں، جن میں اکثر دخول، اورل سیکس اور انزال جیسی حرکتیں بیان کی جاتی ہیں۔ زیادہ تفصیل اور اکثر وضاحت میں گھٹیا مخرب اخلاق اور بیہودہ اصطلاحات کا استعمال ہوتا ہے۔

"دی دیگر وکٹورینز" میں، مارکس لکھتے ہیں کہ فحش تحریر بنیادی طور پر فقروں، صفتوں، اور فقروں پر مشتمل ہوتی ہے جنہیں متن کے معنی کے لیے بغیر کسی قیمت کے منتقل کیا جا سکتا ہے۔ وہ لکھتے ہیں، "یہ جملے اور فارمولے [ایک عام فحش ناول کے] اکثر تبادلہ ہوتے ہیں، اور بڑے پیمانے پر یہ بغیر کسی معنی کے نقصان کے قابل تبادلہ ہوتے ہیں۔ وہ غیر مخصوص تجرید کے طور پر کام کرتے ہیں، اور سب کو ایک ہی عمومی مواد سے بھرا جا سکتا ہے"۔ تاہم، یہ قابل تبادلہ جوہر صرف اس زبان کے لیے مخصوص نہیں ہے جو فحش تحریروں کو تیار کرنے کے لیے استعمال کی جاتی ہے، کیوں کہ اسی معیار کو حقیقی ایکٹ پورنوگرافی میں دکھایا جا سکتا ہے، اور اس کے نتیجے میں، خود فحاشی کا وجود۔ مثال کے طور پر، جس طرح فحش تحریر کے مختلف لسانی عناصر (یعنی لفظ کا انتخاب اور نحو) ایک ہی اثر اور اہمیت پیدا کرتے ہوئے دوبارہ ترتیب یا تبادلہ کیا جا سکتا ہے، اسی طرح زبان کے

اندر لوگوں، اعضاء، عہدوں اور یہاں تک کہ جنسی عمل بھی۔ فحش نگاری کو معنیٰ میں نتائج کے بغیر تبدیل کیا جائے۔ چونکہ تحریر کے اندر افراد کے درمیان تعلقات تجریدات کا ایک مجموعہ ہیں جو زبان کے "غیر مخصوص تجریدات" کی آئینہ دار ہیں، خود فحش نگاری اور زبان کے درمیان ایک مابعد رابطہ {میٹا کنکشن} دیکھا جا سکتا ہے، جو کہ فحش نگاری اور اس کے درمیان بہت زیادہ ہم آہنگ اور گہرے تعلق کی تجویز کرتا ہے۔ مارکس کے مقابلے میں ادب۔ اس طرح، مارکس کے اس جرات مندانہ دعوے کے برعکس کہ "فحش نگاری کی زبان ایک قید خانہ ہے جہاں سے یہ مسلسل فرار ہونے کی کوشش کر رہی ہے "—دونوں ادارے دراصل ایک جیسے، تجریدی اور قابل تبادلہ میکانزم کے ذریعے کام کرتے ہیں۔ فحاشی اور زبان کے درمیان یہ متوازی تعلق ان سطروں سے بھی ظاہر ہوتا ہے، "فحش نگاری بھی حرام، ممنوع الفاظ کا ذخیرہ ہے۔ ایسے الفاظ کی مخصوص طاقت کا تعلق ان کی قدیمی سے ہے "۔ جس طرح فحش تحریر کی تعمیر کے لیے استعمال ہونے والی زبان کو ممنوع سمجھا جاتا تھا، اسی طرح جنسیت، جنسی عمل، اور جنسی تعلقات سے متعلق گفتگو کو بھی ایسے وقت میں ناقابل ذکر سمجھا جاتا تھا۔

** کیا فحش آپ کے لیے اچھا ہے؟ **

گذشتہ سال ۲۳ اپریل کو رائل انسٹی ٹیوشن میں انٹیلی جنس اسکوائرڈ نامی ایک تنظیم کی طرف سے ایک بحث ہوئی جس میں تحریک یہ تھی کہ 'فحش نگاری ہمارے لیے اچھی ہے: اس کے بغیر ہم کہیں زیادہ جبر کا شکار معاشرہ ہوں گے'۔

میں نے خود اس بحث میں شرکت نہیں کی، لیکن بظاہر شروع میں ٪۶۰ سامعین نے اس تحریک کی حمایت کی، اور آخر تک یہ گھٹ کر صرف ٪۵۰ رہ گئی۔ جرمین گریر نے اس

کی مخالفت کرتے ہوئے کہا کہ فحش نگاری ہمیں جبر سے نہیں بچاتی، یہ اسے ختم کرتی ہے، کیونکہ جبر کی کسی شکل کے بغیر فحش نگاری نہیں ہوتی۔ کسی بھی طرح سے، ایسا لگتا ہے کہ ہم - یا کم از کم ایک مباحثے کے چیمبر میں بیٹھے دانشور - اب بھی ہماری رائے میں یکساں طور پر تقسیم ہیں۔ میں حیران ہوں کہ اگر والدین، اساتذہ، معالجین، جرائم پیشہ افراد وغیرہ کی طرف سے اس کو نافذ کیا جائے تو اس طرح کی بحث کیسے چلے گی۔

ہم ایک ایسے معاشرے میں رہتے ہیں جہاں ہم خوش قسمت ہیں کہ ہم جو بھی لٹریچر یا تصاویر منتخب کرتے ہیں ان تک رسائی حاصل کرتے ہیں، لیکن ایک بالغ ہونے کے ناطے میں پریشان کن جدید دور کے قریب کہیں سے گریز کرنے کا انتخاب کرتا ہوں، مردہ آنکھوں والا فحش اس کے تمام صریح، مانسل، دلکش روشنی میں۔، بصری خامی یہ ایمانوئل کو میری پاپیئز کی طرح دکھانا شروع کر رہا ہے اور یہ زیادہ تر والدین کی زندگی کو خوفزدہ کر دیتا ہے۔ تو اگر میں اس مسئلے پر بحث کر رہا ہو تا تو میں مزید آگے بڑھتا اور تجویز کرتا کہ یہاں تک کہ لفظ 'جبر' بھی یقیناً اس دن اور دور میں پرانا ہے، جس صورت میں فحش ہونا چاہیے، یعنی ہمیں بظاہر اب بھی اس کی 'ضرورت' کیوں ہے؟

ہمیں آزاد کرنے یا ہمیں فنتاسیوں میں لے جانے سے بہت دور، یہ محض جنسی تعلق رکھتا ہے، ایسی چیز جو خوبصورت ہو، اگر بنیادی ہو، اور اسے بدصورت، وحشیانہ یا حتیٰ کہ پر تشدد بھی بنا دیتی ہے، اور بدترین طور پر نوجوانوں کو نقصان پہنچانا اور خوفزدہ کرنا شروع کر دیتا ہے، ترقی پذیر۔ دماغ جو اسے دیکھتے اور محسوس کرتے ہیں.

** ایروٹیکا اور پورن میں فرق **

کچھ لوگ یہ کہہ سکتے ہیں کہ یہ erotica کے مصنف کی طرف سے آیا ہے، لیکن دو

اہم الفاظ جو میں نے ابھی استعمال کیے ہیں وہ ہیں 'watch' اور 'writer'۔ ففٹی شیڈز آف گرے فینومینن کے بارے میں جن بہت سے ٹیگنز نے مجھے پریشان کیا ان میں سے ایک اس کی وضاحت 'ممی پورن' تھی، جو کہ زیادہ بھاری پڑنے کے بغیر، دو مخالف الفاظ کو انتہائی ناخوشگوار انداز میں جوڑتی نظر آتی تھی۔ اس کی لکھنے والی ایک ماں تھی، اور پڑھنے والے اکثر مائیں تھے، لیکن داستان میں واحد ماں ہیرو کی پچھلی کہانی میں ایک بد سلوکی، منشیات لینے والی طوائف ہے۔ اسی طرح، کہانی میں شامل 'فحش' کا تعلق تسلط، سزا اور جنسی کھلونوں کے استعمال سے ہے (اگرچہ ایک متفقہ تعلق میں)، لیکن پھر اس کتاب کو تجارتی پورنوگرافی کے ساتھ ساتھ erotica کے طور پر بھی بیان کیا گیا ہے۔ تو، یہ کون سا ہے؟ ایرو ٹیکا، یا فحش؟ میری نظر میں یہ دونوں نہیں ہو سکتے۔

✳ جنسی تسکین پر محرک ✳

میں اس وقت فطری متعلقات بحث کرنے والا نہیں ہوں-میں گرم، جذباتی اور جیسا کہ آپ اس تحریر میں دیکھ سکتے ہیں، ادیب یا شاعر رائے دینے والا ہوتا ہے - لیکن اگر مجھے اس بنیاد پر چیلنج کیا جاتا ہے کہ میں نے اپنے پہلے کے کچھ کاموں میں کچھ خوبصورت تجرباتی جنسی مشقیں لکھی ہیں، میں اپنے لیے اور اپنے سامعین کے لیے بالکل فرق کرتے ہوئے معاملات کو آسان بنانے کو ترجیح دیتا ہوں۔ میرے نزدیک پورن فوری غیر تصوراتی، بصری، اور بنیادی طور پر مردانہ ہے۔ شہوانی {Erotica} تحریری لفظ اور تخیل کے ذریعے بیدار کرنے کی کوشش کرتا ہے، اور بنیادی طور پر خواتین کی طرف سے، خواتین کے لیے ہے۔ یہ سفاکیت اور جنسیت میں فرق ہے۔ توہین اور تعریف۔ رشتہ اور ملاقات۔ رضامندی اور مسلط کرنا۔ یہ ایک ایسی چیز ہے جس کی ادبی اور فنی قدر

ہے۔ جس سے نئی دریافتیں خلق ہوتی ہیں۔

فحش نیچے کی کوشش کرتا ہے، ایروٹیکا کو بلند کرنا۔ فحش مسلط ہے، پر تشدد، توہین آمیز۔ ایروٹیکا ایک بالغ کے اندر سیکس کا جشن مناتی ہے، اور 'ایروٹیکا رومانس' کی صنف کے ساتھ، تیزی سے شدید، رومانوی تعلقات کو پکڑتا ہے۔

اس نقطہ نظر کا ایک غیر متوقع چیمپئن ڈی ایچ لارنس تھا۔ حال ہی میں، اپنی ایروٹیکا ورکشاپ کی تیاری کرتے ہوئے، میں نے لیڈی چیٹرلی کے عاشق کے کچھ حصے دوبارہ پڑھے اور محسوس کیا کہ اس میں موجود 'فحاشی' کا تعلق سیاق و سباق، استعمال کی گئی زبان اور اس وقت سے ہے جس میں یہ لکھا گیا تھا، نہ کہ ابھی تک واضح طور پر۔ خود جنس کی نرم وضاحتیں ہیں۔

بھارتی نژاد کینیڈین شاعرہ روپی کور نے اپنی پہلی کتاب 'Honey and Milk' یا 'شہد اور دودھ' سے چند اشعار پڑھتے ہوئے ویڈیو بنائی جو انھوں نے اپنے ٹک ٹاک اکاؤنٹ پر شیئر کی۔ جھومتے لہکتے اپنے ہاتھوں اور انگلیوں کو لہراتے ہوئے روپی کور نے اشعار پڑھے ان کا ترجمہ کچھ یوں ہے 'تمہیں پتہ تھا تم (میرے لیے) غلط تھے، جب میرے اندر ڈوبی تمہاری انگلیاں اس شہد کو تلاش کر رہی تھیں جو تمہارے لیے نکل نہ سکا۔'

* اختتام کلام *

میر اخیال ہے خیال کے طور پر اگر میں اپنا پیسہ وہیں ڈالوں جہاں میرا منہ تھا، تو مجھے اپنے نو عمر بیٹے کے رد عمل کا تصور کرنا پڑے گا اگر وہ میری کوئی کتاب پڑھتا ہے۔ زیادہ تر وہ کتاب کو جیسے ہی سمجھتا کہ کیا ہو رہا ہے بند کر دیتا، لیکن اگر اس نے اسے مزید قریب

سے پڑھا تو وہ دیکھے گا کہ جو کچھ ہو رہا ہے وہ بالغوں کے رضامندی کے درمیان ایک شدید، محبت بھرے سفر کا حصہ ہے۔

سب سے برا جو ہو سکتا ہے وہ یہ ہے کہ وہ شدید شرمندہ ہو گا، گہر انقصان نہیں پہنچا۔

ادب میں فحش نگاری کے متعلق یہ سوال کیا جاتا ہے کہ کیا، اور کیسے، پورنوگرافی کو دوبارہ موزوں کرنا اور اس کے ذریعے آزادی کے منصوبے کے لیے تنقیدی اور تخلیقی طور پر سوچنا ممکن ہے۔ مختلف شراکتوں میں جو مختصر، غیر اصولی مضامین کا یہ جان بوجھ کر متضاد مجموعہ بناتے ہیں، اس طرح کی تلاش خواہش، قربت، لمس اور لالچ کے اظہار کو دوبارہ بیان کرتے ہوئے آگے بڑھتی ہے۔ یہ ان کا تعلق مرئیت کے دعووں، آزادی کے خوابوں اور اس کی ناکامیوں کے ساتھ ساتھ تشدد کی سیاست سے بھی ہے جس کا ہم گردش کرنے والی تصاویر اور اثرات کے ذریعے سامنے آتے ہیں۔ یہ ان حدود سے تجاوز کرنے کی کوشش ہے جو ہم اپنے جسموں، اپنے چاہنے والوں کے جسموں اور ان نظریات کے جسموں سے کیسے جڑتے ہیں جن کے ساتھ ہم رہتے ہیں، سوتے ہیں اور خواب دیکھتے ہیں ۔ مختصراً، ان تمام چیزوں سے جو ہم منسلک ہوتے ہیں۔ اس مجموعے کے ایڈیٹرز اور معاونین فحش نگاری کی پرجوش صلاحیت کو لازمی طور پر تخریبی اور آزاد کرنے کا دعویٰ نہیں کرتے ہیں، لیکن اس کے باوجود اس کی دوبارہ تشکیل کے امکانات کے لیے کھلے ہیں (متن، سیاق و سباق، بین متنی، بلکہ جذباتی اور مجسم شکلوں میں)۔ گرافک اور ٹیکٹیکل / سپرش نوشتہ۔ ایک طرف، مصنفین فحش نگاری کی تعریفوں اور طریقوں پر غور کرتے ہیں جس میں مخصوص ضابطوں اور اصولوں کو اپنایا جاتا ہے، چاہے اس کا تعلق جنسی عمل اور پورن کی صنعت سے ہو یا نمائندگی کی دیگر اہم شکلوں اور ان میں موجود طاقت کے

ڈھانچے سے۔ دوسری طرف، ابواب فحش نگاری کے زیادہ اثر انگیز، فہرست نگاری، نحوی اور بین موضوعی جہتوں سے متعلق ہیں، اور اس کی حدود کو ختم کرنے کے لیے مختلف دوبارہ اختصاص کی صلاحیت سے متعلق ہیں۔

* * *

منٹو اور فحاشی
شمیم حنفی

(۱)

منٹو ایک واقعے کا عنوان ہے۔ ہمارے افسانوی ادب کی تاریخ کے شاید سب سے اہم اور بامعنی اور مکمل واقعے کا۔ اس واقعے کا آغاز اس کی پہلی کہانی کے ساتھ ہوا تھا۔ اب اگر آپ کسی ادبی مؤرخ سے رجوع کریں تو وہ بتائے گا کہ اس واقعے کا نقطہ اختتام ۱۹۵۵ کے ماہ جنوری کی اٹھارویں تاریخ ہے۔ وہ لمحہ جو خود منٹو کے لئے اس واقعے کے تسلسل سے بیزاری کا شدید ترین لمحہ تھا اور جب مرنے سے پہلے بار بار اس کے ہونٹوں پر یہ الفاظ آئے تھے کہ "اب یہ ذلت ختم ہو جانی چاہئے!" لیکن یہ ایک ایسی ذلت تھی جو منٹو کی موت کے ساتھ بھی ختم نہ ہو سکی۔

اس لمحے نے منٹو کو اپنے مقدمات کی پیروی سے تو نجات دلا دی مگر آزریبل جسٹس دین محمد جنہوں نے منٹو کے وجود کو ننگ ادب قرار دیا تھا، اس لمحے کے بعد بھی زندہ رہنے اور منٹو کی ذلت کے ساتھ ساتھ ایک فرقہ ملامتیہ کا قصہ بھی چلتا رہا۔ اصل میں افراد چاہے رخصت ہو جائیں، سوچنے، جینے اور زندگی کو برتنے کے اسالیب جنہیں ہم کسی فرد سے مخصص کر سکیں، جوں کے توں قائم رہتے ہیں۔ چنانچہ ایک اسلوب منٹو کی ذات تھی جو اپنے طبعی اور زمانی رشتوں سے انقطاع کے بعد بھی زندہ ہے۔ اسی طرح ایک اور

اسلوب ملامت، دشنام اور احتساب کا وہ قہر بے پناہ ہے جس کا سرچشمہ کبھی میزان عدل کے تماشہ گر رہے، کبھی ترقی پسند اور تعمیر پسند ناقد اور قاری۔ سو یہ اسلوب بھی کسی نہ کسی سطح پر اب تک سانس لئے جا رہا ہے۔ دونوں ایک دوسرے سے برسرپیکار ہیں۔

یہ اندوہ ناک سلسلہ اس وقت تک جاری رہے گا جب تک زندگی سے آنکھیں چار کرنے اور زندگی سے آنکھیں چرانے کا طور عام رہے گا۔ زندگی کی بنیادی سچائیوں کی طرح کچھ فریب بھی وقت اور مقام کی قید سے ماورا ہوتے ہیں اور ان کے ایک دوسرے سے ٹکرانے کا عمل کبھی ختم نہیں ہوتا۔ ایسا نہ ہو تو شاید ان کی پہچان بھی باقی نہ رہ جائے۔ زندگی کی کوکھ سے جنم لینے والی ہر حقیقت، ہر جذبے، ہر قدر، ہر رویے کی حیثیت اضافی ہوتی ہے اور ان کی شناخت قائم کرنے کا سب معتبر ذریعہ وہ آئینہ ہے جو کسی مختلف، متضاد اور متصادم رویے کے انعکاس کا وسیلہ بنتا ہے۔

منٹو کی انفرادیت اور اس کی ترکیب میں شامل عناصر کی دریافت بھی ہم ان ضدوں کے حوالے سے کرتے ہیں، جن کا منظر نامہ منٹو کی ادبی روایت یا اس کے عہد کی ادبی صورت حال سے قطع نظر اس کے معاشرتی ماحول نے ترتیب دیا تھا، جس کی اساس منٹو کے حال کے علاوہ اس کے ماضی پر بھی قائم ہے۔ جس کے دریچوں سے گزر کر ہم تک گزشتہ زمانوں کی بساط پر پھیلے ہوئے متعدد اور متنوع انسانی تجربات کے اجالے اور اندھیرے کی رسائی ہوتی ہے۔ جو بیک وقت پرانا بھی ہے اور نیا بھی۔ چنانچہ ماضی اور حال کو ایک دوسرے سے الگ کرنے والی منحنی لکیر کو مٹاتا ہے اور کم از کم منٹو کی حد تک قصہ جدید قدیم کو دلیل کم نظری ٹھہراتا ہے۔

شاید اسی لئے منٹو کی حیثیت ایک ایسے مسئلے کی ہے جو دائم اور مستقل ہے۔ اس مسئلے کو اپنے اپنے طور پر حل کرنے کی کوشش بہت سے لوگ کرتے رہتے ہیں۔ ان

لوگوں میں منٹو کے ناشر اور قاری اور نقاد اور محتسب سبھی شامل ہیں۔ کسی کے نزدیک اس مسئلے کا اقتصادی پہلو سب سے اہم بن جاتا ہے۔ کوئی اسے کیس ہسٹری کے طور پر پڑھتا ہے اور نفسیات جنسی کی اصطلاحوں میں اس کی الجھنوں کا سرا ڈھونڈتا ہے۔ کچھ اس میں لذت اندوزی کے سامان تلاش کرتے ہیں۔ کچھ اپنے جمالیاتی تقاضوں کی تکمیل کا۔ ان میں سب سے دلچسپ احوال فرقہ ملامتیہ کے ان صاحبان ذی شان کا ہے جن کے لئے منٹو کے آسیب کا وجود ایک مستقل پریشانی کا سبب ہے کہ اس کے شریر قدموں کی چاپ گلُ منظر کی دید کے مقدس اور مطہر عمل میں بار بار مانع آتی ہے۔ ظاہر ہے کہ اس مصیبت کا علاج ادب کی اصطلاحوں کے بس کا نہیں، چنانچہ یہ جو اٹھانے پر ان کی طبیعتیں آمادہ نہ ہوئیں اور انہوں نے ہاتھوں میں سنگ ریزے سنبھال لئے۔

یہ بارش سنگ ختم اس لئے نہیں ہوتی کہ اس ذلت کا تسلسل بھی ہنوز قائم ہے جس نے منٹو کے حواس کو تھکا ڈالا تھا۔ اس لئے ہم یہ سوچنے میں حق بجانب ہوں گے کہ منٹو کا وجود جس واقعے سے عبارت تھا، وہ آج بھی جاری ہے۔ اس کی موت کے ساتھ نہ تو جینے کا وہ اسلوب ختم ہوا ہے، نہ لکھنے کا۔ میرے اس جملے کا مطلب وہ ہر گز نہیں جو قواعد اور صرف و نحو کے ماہرین سمجھیں گے۔ عسکری نے منٹو کی ذات کو زندگی کے ایک اسلوب سے تعبیر کیا تھا۔ میر اخیال ہے کہ منٹو ان معدودے چند ادیبوں میں ہے جن کے یہاں جینے اور لکھنے کے مفاہیم لغوی نہیں ہوتے اور مر ادا ایک ہو جاتے ہیں۔ چنانچہ ہم اس کے بارے میں کوئی بھی گفتگو صرف اس کی عام انسانی شخصیت کے حوالے سے نہیں کر سکتے۔

اس کا جینا اور اس کا لکھنا ایک دوسرے کا تکملہ ہیں اور اپنے باہمی ادغام سے اس اکائی کو جنم دیتے ہیں جو ایک مسلسل متحرک، نمو پذیر اور وقت اور مقام کی سطح سے بلند تر، غیر محصور اور غیر متعین واقعے کی حیثیت اختیار کر لیتی ہے۔

اس صورت حال نے منٹو کو ایک انوکھی اور اٹل اور بعض اعتبارات سے ایک ناقابل تسخیر توانائی کا علامیہ بنا دیا ہے۔ اس کے ہر پڑھنے والے پر یہ شرط عاید ہوتی ہے کہ منٹو کے بارے میں کسی بامعنی گفتگو کا ارادہ کرنے سے پہلے وہ ان تقاضوں کو سمجھے، جنہیں اس کے افسانوں سے الگ کسی بھی فکری یا اخلاقی یا جذباتی سطح پر سمجھنا ممکن نہیں ہے۔ بنیادی طور پر منٹو کا چیلنج ایک ادب تخلیق کرنے والے کا چیلنج ہے۔ اس چیلنج کی حقیقت سے انکار کرنے والا نہ منٹو کی شناخت کا دعوے دار ہو سکتا ہے نہ زندگی کے ان لازوال منطقوں کا، جن کا شناس نامہ منٹو کی تحریریں ہیں۔ اپنی اس حیثیت کا اندازہ خود منٹو کو بھی تھا۔

چنانچہ اس نے کبھی بھی کسی قدر، نظریے، اخلاقی یا تہذیبی تصور یا مصلحانہ جوش اور جذبے کو اپنی بیسا کھی بنانے کی ضرورت محسوس نہیں کی۔ وہ اس رمز سے باخبر تھا کہ ایک ادیب کی حیثیت سے جن حقوق کی ادائیگی کا بار اس نے سنبھال رکھا ہے، اس سے زیادہ کی متحمل ایک فرد کی زندگی نہیں ہو سکتی۔ لیکن ظاہر ہے کہ منٹو جیسے ادیب کی طرح زندگی بھی اپنی کچھ شرطیں رکھتی ہے اور ہر شخص سے، خواہ وہ منٹو ہی کیوں نہ ہو، چند تقاضوں کی تکمیل کا مطالبہ کرتی ہے۔ چنانچہ منٹو کے ناخن پر بھی چند گرہوں کا قرض مسلط رہا۔

"ٹھنڈا گوشت کا مقدمہ قریب ایک سال چلا۔ ماتحت عدالت نے مجھے تین ماہ قید بامشقت اور تین سو روپے جرمانے کی سزا دی۔ سیشن میں اپیل کی توبری ہو گیا۔ (اس حکم کے خلاف سرکار نے ہائی کورٹ میں اپیل دائر کر رکھی ہے۔ مقدمے کی سماعت ابھی تک نہیں ہوئی۔)

اس دوران میں مجھ پر جو گزری، اس کا کچھ حال آپ کو میری کتاب، ٹھنڈا گوشت، کے دیباچے بعنوان 'زحمت مہر درخشاں' میں مل سکتا ہے۔ دماغ کی کچھ عجیب ہی کیفیت

تھی۔ سمجھ میں نہیں آتا تھا کہ کیا کروں۔ لکھنا چھوڑ دوں یا احتساب سے قطعاً بے پرواہ ہو کر قلم زنی کرتا رہوں۔ سچ پوچھئے تو طبیعت اس قدر کھٹی ہو گئی تھی کہ جی چاہتا تھا کہ کوئی چیز الاٹ ہو جائے تو آرام سے کسی کونے میں بیٹھ کر چند برس قلم اور ادب سے دور رہوں۔ دماغ میں خیالات پیدا ہوں تو انہیں پھانسی کے تختے پر لٹکا دوں۔ الاٹمنٹ میسر نہ ہو تو بلیک مارکیٹنگ شروع کر دوں یا ناجائز طور پر شراب کشید کرنے لگوں۔

آخر الذکر کام میں نے اس لئے نہ کیا کہ مجھے اس بات کا خدشہ تھا کہ ساری شراب میں خود پی جایا کروں گا۔ خرچ ہی خرچ ہو گا۔ آمدنی ایک پیسے کی بھی نہ ہو گی۔ بلیک مارکیٹنگ اس لئے نہ کر سکا کہ سرمایہ پاس نہ تھا۔ ایک صرف الاٹمنٹ تھی جو کار آمد ثابت ہو سکتی تھی۔ آپ کو حیرت ہو گی مگر یہ واقعہ ہے کہ میں نے اس کے لئے کوشش کی۔ پچاس روپئے حکومت کے خزانے میں جمع کرا کے میں نے درخواست دی کہ میں امرت سر کا مہاجر ہوں۔ بیکار ہوں اس لئے مجھے کسی پریس یا سنیما میں کوئی حصہ الاٹ فرمایا جائے۔

درخواست کے فارم چھپے ہوئے تھے۔ ایک عجیب و غریب قسم کا سوالیہ تھا۔ ہر سوال اس قسم کا تھا جو اس امر کا طالب تھا کہ درخواست کنندہ پیٹ بھر کے جھوٹ بولے۔ اب یہ عیب مجھ میں شروع سے رہا ہے کہ جھوٹ بولنے کا سلیقہ نہیں ہے۔ میں نے الاٹمنٹ کرانے والے بڑے بڑے گاہکوں سے مشورہ کیا تو انہوں نے کہا کہ تمہیں جھوٹ بولنا ہی پڑے گا۔ میں راضی ہو گیا۔ لیکن جب میں نے چھپے ہوئے فارم کی خالی جگہیں بھرنے لگا تو روپے میں صرف دو یا تین آنے جھوٹ بول سکا۔ اور جب انٹرویو ہوا تو میں نے صاف صاف کہہ دیا کہ صاحب جو کچھ درخواست میں ہے، بالکل جھوٹ ہے۔ سچی بات یہ ہے کہ میں ہندوستان میں کوئی بہت بڑی جائداد چھوڑ کے نہیں آیا صرف ایک

مکان تھا اور بس۔ آپ سے میں خیرات کے طور پر کچھ نہیں مانگتا۔

میں بزعم خود بہت بڑا افسانہ نگار تھا، لیکن اب مجھے محسوس ہوا کہ یہ کام میرے بس کا نہیں۔ اللہ میاں ایم اسلم اور بھارتی دت کو سلامت رکھے۔ میں ان کے حق میں اپنی افسانہ نگاری سے سبک سر ہوتا ہوں اور صرف اتنا چاہتا ہوں کہ حکومت مجھے کوئی ایسی چیز الاٹ کر دے جس کے لئے مجھے کام کرنا پڑے اور اس کام کی اجرت کے طور پر مجھے پانچ چھ سور روپیہ ماہوار مل جایا کرے۔"

سعادت حسین منٹو

لاہور۔ ۱۱ جنوری ۱۹۵۲

(گنجے فرشتے)

(۲)

منٹو نے زندگی کا جو اسلوب اختیار کیا تھا وہ خطرناک حد تک پیچیدہ اور پر فریب ہے۔ اس زندگی کی سچائیوں کے گرد ایک ایسا غبار آلود ہالہ ہمہ وقت یہیں گردش کرتا ہوا دکھائی دیتا ہے کہ بعض اوقات سچائیاں نظروں سے اوجھل ہو جاتی ہیں اور ہماری بصارت صرف اس ہالے میں الجھ کر رہ جاتی ہے۔ یہ ہالہ بیک وقت اس کی زندگی اور اس کی تحریروں دونوں کے چہار اطراف پھیلا ہوا ہے۔ منٹو سے قطع نظر اس کے احباب اور سادہ لوح ناقدین نے بھی خاصی گرد اڑائی ہے۔ شاید منٹو کی اپنی مرضی کو بھی اس معاملے میں خاصا دخل حاصل تھا۔ دوسروں سے مختلف، انوکھا اور غیر متوقع دکھائی دینے کی ایک شرارت آمیز آرزو مندی، ایک معمولی سی بات کو کسی نئے، پر اسرار زاویے سے اس طور پر کہنے کی خواہش کہ سننے والا چونک پڑے اور حیرانی سے دوچار ہو، یہ رویہ بنیادی طور پر

ایک جمالیاتی بعد رکھتا ہے۔

ظاہر ہے کہ انسانی تجربات کی بیشتر صورتیں زندگی کے معمولات ہی کا حصہ ہوتی ہیں۔ اکثر لکھنے والے ان معمولات کو وقار عطا کرنے کے لئے ان کے بیان میں وہ سہل الحصول اور آزمودہ نسخہ استعمال کرتے ہیں، جسے ایک سطحی قسم کی جذباتیت زندگی سے پیدا ہونے والے بے بضاعت تفکر یا اخلاقی پوز کا نام دیا جا سکتا ہے۔ حیرت اس بات پر ہوتی ہے کہ خاصے تعلیم یافتہ لوگ بھی اس عمل کی سوقیت کو پہچاننے میں ناکام رہ جاتے ہیں اور سچائی پر فریب کو، فن پر طلا فروشی کو اور انکشافِ حقیقت پر ایک بے روح لفظی کو ترجیح دینے کے عامیانہ رویے کا شکار ہو جاتے ہیں۔ یہ ساری خرابی اس لئے پیدا ہوتی ہے کہ مسئلے کی فنی اور جمالیاتی جہتوں کو نظر انداز کر کے وہ اس کی جذباتی، فکری اور اخلاقی تعبیرات کے صحرا میں حقائق کے زر و مال کی جستجو کرتے ہیں۔ ایسی صورت میں منٹو کی اصل شخصیت کا نگاہ سے اوجھل ہو جانا فطری ہے۔

ادب میں اس رویے کی پسماندگی کو ایک سرمایہ افتخار کی حیثیت دینے کی ذمے داری ان ترقی پسندوں پر عائد ہوتی ہے جنہوں نے فن اور شخصیت کے روابط کو سمجھنے میں غلطی کی اور ان کے درمیانی فاصلے کی حقیقت سے بھی بے نیازانہ گزر گئے۔ اصل میں ان کا مسئلہ ادب تھا ہی نہیں۔ ایک نسخہ کیمیائی کی جستجوئے مدام کا کچھ اندازہ آپ اس واقعے سے لگا سکتے ہیں کہ بعض جغادری قسم کے ترقی پسند جعفر زٹلی کے کلیات میں سماجی بغاوت کے چند نشانات کی دریافت کو اپنی تلاش کا حاصل سمجھ بیٹھے، ایک لمحے کے لئے بھی یہ سوچے بغیر کہ ادب سے گالی کا کام لینا اور گالی کو ادب بنانا دو قطعاً مختلف بلکہ متضاد رویے ہیں۔ ایک کی اساس جذباتی اور ذہنی اشتعال پر ہے، دوسرے کی ادب کے جمالیاتی اور فنی عمل پر۔ یہی وجہ ہے کہ منٹو کو مردود و مطعون قرار دینے والوں میں مولوی اور منصف،

صحت مند خیالات کی اشاعت کو ادب کا نصب العین سمجھنے والے مدیر ان رسائل اور مملکت خداداد کے سماجی مصلح اور معمار، علامہ تاجور نجیب آبادی اور ترقی پسند نقاد سب کے سب ایک ساتھ صف آراد کھائی دیتے ہیں۔

رد عمل کی کم و بیش ایک ہی سطح کا اظہار ان تمام اصحاب کے یہاں ہوا ہے۔ ان میں بیشتر ادب کی ابجد سے بھی ناواقف تھے اور جنہیں ادب فہمی کا دعویٰ تھا، ان تک یہ اطلاع پہنچ نہیں سکی تھی کہ جدید ادب کے بنیادی تصورات میں سے ایک تصور یہ معروف اور مانوس حقیقت بھی ہے کہ کوئی بھی انسانی تجربہ، جو ایک جمالیاتی جہت سے ہم رشتگی کا امکان یکسر کھو نہ بیٹھا ہو، ایک ادیب کا تجربہ بن سکتا ہے۔ کوئی بھی ایسا تجربہ فن کے علاقوں سے باہر نہیں ہے جو ایک فنی عمل کے ذریعہ ایک وسیع تر جمالیاتی ہیئت میں منتقل ہونے کی قوت کا حامل ہو۔ ادب میں 'فحاشی' بھی اسی طرح اپنا وجود رکھتی ہے جس طرح فحاشی سے یکسر پاک اور منزہ ادب۔ اپنے معترضین کی سادہ ذہنی کا منٹو کو بخوبی علم تھا۔ چنانچہ عدالتوں میں اپنے بیانات صفائی کے علاوہ منٹو نے اپنے رویوں کی وضاحت و تعبیر کے سلسلے میں جو مضامین لکھے ہیں، ان میں اس کا انداز کم و بیش وہی ہے جو غبی طلبا کے ہجوم میں ایک صابر اور نرم خو معلم کا ہوتا ہے۔

اس کی احتساب گزیدہ کہانیوں پر اس کے معترضین کا اشتعال بے سبب نہیں تھا، خود منٹو نے ارادۃً اس کا جواز فراہم کیا تھا۔ میرا خیال ہے کہ ان حلقوں کی جانب سے اگر رد عمل کا اظہار اشتعال کی اس سطح پر نہ ہوا ہوتا تو منٹو کو مایوسی ہوئی ہوتی۔ جس لکھنے والے کے نزدیک اپنے قارئین کو مشتعل کرنے کا عمل ایک ناگزیر جمالیاتی اور تخلیقی رد عمل کو دعوت دینے کی غایت سے مملو ہو، اس کے عمل کی کامیابی کا انحصار ہی اس حقیقت پر ہے کہ اس کے قارئین متوقع اثر قبول کرنے سے معذور نہ رہ جائیں۔ اس سلسلے میں یہ

مفروضہ بہت مضحک ہے کہ بدی یا لذت اندوزی کا عمل فنی تجربے کا حصہ بننے کے بعد اپنی اصلیت سے سرتاسر لاتعلق ہو جائے اور گناہ ایک کارِ خیر کی شکل اختیار کرلے۔ اس قسم کی قلبِ ماہیت تخلیقی تجربے کی سطح پر بعید از قیاس تو نہیں ہے، لیکن اسے کسی حتمی اصول کی حیثیت دینا بھی غلط ہے۔

اب رہا اس قاری کا مسئلہ جو فکشن کے ہر تجربے کو اپنے عمل کی بساط پر از سرِ نو خلق کرنے کی کوشش کرتا ہے، اور حقیقت کے عام تصور کو اسی کے تخلیقی تصور سے ممیز کرنے کی استعداد سے بے بہرہ ہے تو اس میں قصور افسانہ نگار سے زیادہ اس کی اپنی ذہنی اور تہذیبی تربیت اور ادراک کا ہے۔ انسانی معاشرے میں ایسے جری اور مہم پسند افراد بھی مل جائیں گے جو دینی اور طبی کتب کے صفحات پر بھی اپنے جنسی جذبات کو توانائی بخشنے والے عناصر تلاش کرلیں گے۔ اب سے بہت آگے ۱۸۳۳ میں نوح و بیسٹر نامی ایک بزرگ نے انجیل مقدس کی زبان اور بعض اصطلاحات میں ترمیم و تنسیخ کی ضرورت محسوس کی تھی اور اپنے تئیں "فحش الفاظ" اس سے خارج کر دیے تھے۔ اصلاح پسندی کے اس مولویانہ جوش کی مبالغہ آمیز صورت یہ واقعہ ہے کہ گزشتہ صدی کے ایک نامعلوم مبصر نے انجیل پر تبصرہ کرتے ہوئے ایک جریدے میں اس رائے کا اظہار کیا کہ اس مقدس کتاب کی زبان "انتہائی فحش ہے اور اس لائق نہیں کہ اسے کسی مہذب مجمع میں دہرایا جا سکے۔"

جب ایک ایسی کتاب کے سلسلے میں، جسے ہماری زمین پر بسنے والے لکھوکھا افراد انسانی معاشرے کی فلاح اور نجات کا واحد ذریعہ قرار دیتے ہیں، اس نوع کے ردِ عمل کا اظہار ممکن ہے تو ہمیں علامہ تاجور نجیب آبادی کے ان الفاظ پر حیرت نہ ہونی چاہئے کہ، "ٹھنڈا گوشت کسی مسجد میں یا کسی مجلس میں جماعتی حیثیت میں سننا پسند نہیں کیا جا سکتا۔

اگر کوئی پڑھے تو اپنا سر سلامت لے کرنہ جاسکے۔ چالیس سالہ ادبی زندگی میں ایسا ذلیل اور گندہ مضمون میری نظر سے نہیں گزرا ہے۔"

یہ بات تو منٹو کے حاشیہ خیال میں بھی نہ آئی ہوگی کہ اس کا کوئی افسانہ جمعہ کی نماز کا خطبہ بھی بن سکتا ہے۔ پھر اگر جماعتی حیثیت سے اسے اپنی بات کے سنے جانے کا گمان بھی ہوتا تو اس نے ایک افسانہ نگار کے بجائے ان طلا فروشوں کا اسلوب اختیار کیا ہوتا جو کسی عام شاہراہ کے کنارے اپنی دکانیں سجاتے ہیں یا تخلیقی فن کار کے بجائے کسی جادو بیان خطیب کے لہجے میں کلام کرتے ہیں۔ اس نے اپنے قاری سے وہ رشتہ قائم کرنے کی سعی کی تھی جو ایک فرد کا دوسرے فرد سے ہوتا ہے۔ جو انجمن آرائی کے بجائے اپنے خلوت کدے میں ایک راہب کی طرح اپنے تجربات کو ایک نئی سچائی کا روپ دیتا ہے اور اسے معمولات کی سطح سے اٹھا کر ایک انکشاف میں منتقل کر دیتا ہے۔ منٹو نے اس سچائی کے تحفظ کی خاطر بقول عسکری، انانیت کا ایک حصار اپنی ذات کے گرد کھینچا کہ یہی سچائی اس کی انفرادیت و ملکیت تھی۔

مگر اس سچائی کے حصول کے لئے، زندگی کی عام اور بین سطح پر اس نے ان تمام افراد، اشیا اور مظاہر سے ربط استوار کیا جن کے اجتماع سے انسانی تجربات کی تماشہ گاہ ترتیب پاتی ہے اور ان تجربات کی بو قلمونی، ان کی باہمی آویزش، اور تصادم کے نتیجے میں نمو پذیر ہونے والی چنگاریوں کا ادراک ہوتا ہے۔ سچائی کے حصول کی اس جستجو میں اس کی خود پسندی بھی مانع نہ ہو سکی کیونکہ بہ حیثیت افسانہ نگار منٹو اس امر سے آگاہ تھا کہ سچائی کی دریافت اور اس تک رسائی کے لئے تجربے کی کسی ایک مخصوص اور معینہ سطح کی پابندی، کسی ایک جہت کی شناخت، کسی ایک دائرے میں گردش کافی نہیں ہو سکتی۔ اس سچائی کو پانے کا امکان سب سے زیادہ ان لوگوں کے درمیان ہو سکتا تھا جو مسلمات کی پروا

کیے بغیر، عام سماجی اور اخلاقی امتناعات کی قید سے آزاد زندگی کو اس کے تمام تر شور شرابے اور اس کی ساری ہلاکت آفرینیوں کے ساتھ قبول کرتے ہیں۔

نیکی کی حقیقت کو سمجھنے کے لئے بدی کا اور بدی کے رمز سے شناسائی کے لئے اس کی تہہ میں مخفی صداقتوں کا عرفان ضروری ہے۔ اسی لئے منٹو نے کسی بندھے ٹکے اصول یا نظریے یا قدر یا سماجی فلسفے کے بجائے زندگی کو اس پیچیدہ اور ہزار شیوہ منطق کے ذریعہ سمجھنے کی کوشش کی جس کا مواد انسان کا پورا نظام احساس فراہم کرتا ہے۔ اس کے تجربے محض عقلی تجربے نہیں تھے، ان تجربوں کی آماجگاہ صرف روح بھی نہیں تھی۔ چنانچہ منٹو نے نہ تو کتابوں کو اپنا رہنما بنایا، نہ کسی خارجی تصور کو۔ اسے سروکار انسانوں سے تھا، تجریدات سے نہیں۔ اور جو قوتیں جیتی جاگتی ذات کو ایک تجرید کی شکل دینے میں سب سے زیادہ کارگر ہوتی ہیں وہ وہی ہیں جنہیں انسانی معاشرہ اخلاقی تہذیبی اور سماجی اقدار کا نام دیتا ہے۔ ایک اعتبار سے دیکھا جائے تو یہ رویہ خواہ کتنا ہی نیک اندیش کیوں نہ ہو، اس کی اساس فرد کشی بلکہ انسان کشی کے ایک بظاہر بے ضرر اصول پر قائم ہے۔

بادی النظر میں یہ بات عجیب معلوم ہوتی ہے مگر واقعہ یہی ہے کہ منٹو کے یہاں اپنے "برے سے برے" کردار کے لئے نفرت یا کراہت کے تاثر کا شائبہ تک نہیں۔ وہ قاتلوں، زانیوں، شرابیوں اور ٹھکرائے ہوئے لوگوں کا ذکر بھی اس طرح کرتا ہے گویا ان کے اعمال جنسی یا جذباتی یا جسمانی تشدد کے عنصر سے یکسر عاری ہیں۔ گویا کہ ہر عمل ایک انسانی عام عمل کی حیثیت سے زندگی کی کسی نہ کسی حقیقت کا انکشاف کرتا ہے اور بس۔ منٹو نے اپنی حد یہیں قائم کرلی تھی،

"میں تہذیب و تمدن کی اور سوسائٹی کی چولی اتاروں گا، جو ہے ہی ننگی۔ میں اسے کپڑا پہنانے کی کوشش بھی نہیں کرتا اس لئے کہ یہ میرا کام نہیں، درزیوں کا ہے۔ لوگ

مجھے سیاہ قلم کہتے ہیں لیکن میں تختہ سیاہ پر کالی چاک سے نہیں لکھتا، سفید چاک استعمال کرتا ہوں کہ تختہ سیاہ کی سیاہی اور بھی زیادہ نمایاں ہو جائے۔"

منٹو (ادب جدید)

(۳)

منٹو نے اپنی کہانیوں کو جذبات کی بے جا مداخلت سے جس طرح محفوظ رکھا ہے وہ بجائے خود ایک غیر معمولی واقعہ ہے۔ جذباتی ہونا شرم کی بات نہیں ہے کہ یہ وصف بھی انسان کے مزاج اور طبیعت کا ایک فطری جزو ہے۔ لیکن جب کوئی ادب تخلیق کرنے والا جذبات کی لگام پر اپنی گرفت مضبوط رکھنے کی صلاحیت سے محروم ہو جاتا ہے تو رسوائی جذبات کی بھی ہوتی ہے اور اس کے تخلیقی کردار کی بھی۔ ایسی صورت میں وہ فن کار نہیں رہ جاتا اور انسانی تجربات کے ادراک کی ایک ایسی سطح پر آن گرتا ہے جو انفرادی بصیرت کی روشنی سے یکسر محروم ہو جاتی ہے اور اپنے عامیانہ پن کے اخفا کی خاطر جذبات کا طلسم باندھتی ہے۔ اس رویہ کو ہم ایک نوع کے جذباتی ابتذال سے تعبیر کر سکتے ہیں۔ منٹو نے جن آتش فشاں تہذیبی، سماجی اور انفرادی آثار کے سیاق و سباق میں اپنے تجربات کا اظہار کیا ہے، اس کے پیش نظر یہ کوئی انہونی بات نہ ہوتی اگر وہ اپنے بعض اخلاق گرفتہ معاصرین کی طرح خطیبانہ طمطراق اور مصلحانہ خروش کا حصار اپنی ذات کے گرد کھینچ لیتا۔ اس طرز فکر کو آپ "ادبی فحاشی" کا نام نہ دیں جب بھی اس حقیقت سے انکار نہیں کر سکتے، اپنی غایت کے اعتبار سے "مفید اور صحت مند" ہونے کے باوجود یہ طرز عمل تخلیقی اور فکری دونوں سطحوں پر مبتذل ہے۔ عام و قائع اور جذبات سے بے حجابانہ ربط اور ان میں داخلی نظم و ضبط سے کلیۃً عاری آلودگی بھی ایک طرح کی بے توفیقی اور

پھوہڑپن ہے، خاص طور سے فکشن لکھنے والے کے لئے۔ یہ انداز نظر نیک مقاصد کے اظہار کو بھی مسخرہ پن بنا دیتا ہے۔ اس کے و فور کا لازمی نتیجہ یہ ہوتا ہے کہ لکھنے والا انسانی فکر اور جبلت کے طبعی تقاضوں یا انسان کے عام جسمانی تفاعل میں ہر لمحہ قائم اور موجود رشتوں کے احساس سے غافل ہو کر خالی خولی تصورات کی سطح پر اس کے عمل اور ارادوں کی تعبیریں ڈھونڈنے لگتا ہے۔ اپنے محبوب کرداروں کی زبان سے وہ کچھ کہلوانے میں مگن ہو جاتا ہے، جو لفظ لفظ اس کے برہنہ شعوری تختی پر لکھا ہوا ہے۔

بالآخر وہ اس پر اسرار جوہر سے ہاتھ دھو بیٹھتا ہے جسے ہم فن کار کی داخلی توانائی اور اس کی انفرادی قوت سے تعبیر کر سکتے ہیں، یعنی یہ کہ وہ انسانی سرشت سے متعلق باسی خبروں کا ڈھنڈورچی بن جاتا ہے اور خود اس کی ذات اس کے قاری کے لئے کسی نئے رمز، بصیرت کے کسی ان دیکھے نقش، آگہی کی کسی غیر متوقع دریافت کا نشان نہیں رہ جاتی۔

منٹو نے اس مسئلے کو بھی اظہار کی اسی سطح پر حل کرنے کی کوشش کی ہے جسے ہم ایک ادیب یا فن کار کی بنیادی سطح کہہ سکتے ہیں، یعنی کہ اظہار کی تخلیقی اور فنی سطح۔ یہاں بھی منٹو کی تخلیقی فکر اور اس کے عام افعال اور زندگی کے عام اسلوب میں ہمیں زبردست ہم آہنگی کا احساس ہوتا ہے۔ شعبدہ بازوں اور بازی گروں سے منٹو کی دلچسپی کسی عام انسان کی دلچسپی نہیں تھی۔ یہ ایک طرح کی تخلیقی ہم آہنگی تھی یا دوسرے کے آئینہ ذات میں اپنی پہچان اور بہ حیثیت فن کار اپنے منصب کی شناخت کا عمل۔ اسے عام زندگی میں اپنے دوستوں کو اور تحریروں کے ذریعہ اپنے قارئین کو چونکانے کی جو طلب پریشان رکھتی تھی، وہ ایک فنکار کی طلب تھی۔ سچائی اگر صرف روز مرہ کی سطح پر منکشف کرے تو زندگی کے معمولات اور عام مقدرات کا حصہ بن کر اپنی رہی سہی چمک بھی کھو بیٹھتی

ہے۔

چنانچہ منٹو اس کے ادراک اور اظہار میں ایسی کوئی نہ کوئی جہت ہمیشہ ڈھونڈ نکالتا تھا جو اسے نامانوس اور نوساختہ بنا دے۔ اس کی بیشتر کہانیوں کے اختتام کا لمحہ مانوس میں اسی نامانوس عنصر تک ایک خلا قانہ جست کی کامرانی کا لمحہ ہے۔ اس کے وہ تمام قارئین، ناقدین اور محتسبین جو اس لمحے کے کشف پر جھنجھلا اٹھتے ہیں اور اس کشف کی جمالیاتی قدر کا احساس کئے بغیر اس کے اخلاقی مضمرات میں الجھ جاتے ہیں، فکری اعتبار سے فلاکت زدہ اور تخلیقی اعتبار سے بنجر اور بے روح لوگ ہیں۔ منٹو اپنی اس قوت کشف کے ساتھ ساتھ ایسے تمام لوگوں کی بنیادی کمزوری اور محرومی سے بخوبی آگاہ تھا۔ چنانچہ اپنی ان کہانیوں کے معاملے میں بھی جن پر قانونی احتساب کا حلقہ تنگ تھا، نہ تو اس نے معاشرے کے دباؤ کو قبول کیا نہ لارنس کی طرح اپنے ناشرین کی مصلحتوں کے پیش نظر کسی معمولی ترمیم و تبدیلی پر بھی رضامند ہوا۔

لارنس کے برعکس منٹو ایک انتہائی خود سر اور ضدی طبیعت کا مالک تھا اور یہ سمجھتا تھا کہ اگر اس کے الفاظ یا اظہار کے بعض پیرائے قارئین کے ایک حلقے کی پریشانی کا سبب بنتے ہیں تو یہ قصور خود ان قارئین کا ہے۔ سچائی کے اظہار سے پریشانی خاطر میں مبتلا ہونے والے افراد ادب کے معاملے میں بیوقوف ہی نہیں اخلاقی سطح پر بھی صحت مند نہیں ہوتے۔ منٹو کی کہانیاں ان کے حواس کے لئے ایک تازیانے کا اور بے روح ایقانات کے لئے ایک سزا کا حکم رکھتی ہیں۔ لیکن ادب کے غبی قاری یا تخلیقی طور پر نکبت زدہ شخص کی ایک پہچان یہ بھی ہوتی ہے کہ وہ اپنی معذوریوں کو چھپانے کے لئے ضمنی بلکہ غیر متعلق مسائل پر گفتگو کے حیلے تلاش کر لیتا ہے۔ منٹو کے معترضین کو اس معاملے میں یہ سہولت بھی میسر آئی کہ منٹو نے اپنے اسلوب پر کسی خارجی آرائش کا غلاف چڑھانے کی کبھی بھی

کوشش نہیں کی۔ اس کی کہانیوں میں حسن کے تمام عناصر خود ان کہانیوں کے باطن سے نمودار ہوئے ہیں۔ جذبات کے خول، مبالغے کی چاشنی، خوبصورت اور انوکھی علامتوں اور رنگین، سحر طراز الفاظ کے جادو سے منٹو کی کہانیاں یکسر خالی ہیں۔

وہ کسی بیرونی سہارے کے بغیر اپنے تجربات کا انکشاف اس آہستگی کے ساتھ کرتا ہے کہ یہ آہستہ کاری ہی اس کا نقش امتیاز بن جاتی ہے۔ لیکن یہی آہستہ کاری منٹو کا حجاب ہے۔ تخلیقی اظہار کا یہ راستہ دشوار گزار بھی ہے اور داخلی اعتبار سے پیچیدہ بھی۔ اس میں وہ ایمائیت ہے جو غزل کے اچھے شعر میں پائی جاتی ہے، بیک وقت معنی کی کئی سطحوں سے ہم کنار۔ حقیقت صرف وہ نہیں جو دکھائی دیتی ہے بلکہ الفاظ کے پیچھے بھی تجربے کے کئی ابعاد روشن ہیں۔ منٹو کی نثر فلابیر کی طرح شفاف اور حشو و زوائد سے یکسر پاک نہ سہی جب بھی اردو کے بیشتر جلیل القدر افسانہ نگاروں کے لئے ایک اچھا خاصا چیلنج ضرور ہے۔ اس میں احساس کی وہ طہارت، سچائی اور برجستگی ملتی ہے جو تجربے کے سچے، براہ راست اور فطری ادراک سے پیدا ہوتی ہے۔ منٹو اپنے تجربات کا بیان اس طرح کرتا ہے گویا کہ اس کے اظہار کا سانچہ بھی دراصل اس تاثر ہی کا حصہ ہو جو ایک واردات کے صورت اس تک پہنچا ہے۔

موذیل جیسی کہانی ایک نشست میں منٹو ہی لکھ سکتا تھا۔ اور یہ صورت اس کی متعدد کہانیوں کے ساتھ ہے کہ جزئیات اور زمانی و مکانی حوالوں کی ہم رکابی کے باوجود ان کا رد عمل قاری پر ایک اتمام یافتہ نظم یا ایک گٹھے ہوئے شعر کی طرح ہوتا ہے، جس میں نہ زبان کا وہ ابتذال ہے نہ جذبے کا جو داخلی تنظیم کے انتشار کا نتیجہ ہوتا ہے۔ منٹو نے کبھی کسی ایسے جذبے کی نمائش نہ کی جو اس کے تجربے کی شاخ سے ایک کونپل کی طرح بغیر کسی تصنع اور غوغا کے اپنے آپ ہی نمودار نہ ہوا ہو۔ اس بات سے اسے قطعاً سروکار نہ تھا

کہ کسی مخصوص تجربے یا واردات کی طرف بھلے مانسوں کا جذباتی رویہ کیا ہوتا ہے، یا کیا ہونا چاہئے اور اگر اس کی کوئی قطعی صورت متعین کی جاسکتی ہے تو مار باندھ کر اسے اختیار کرنے کی جدوجہد کی جائے۔ کوئی بھی جذبہ اگر آپ کی فطرت کے خم و پیچ سے خود بخود نہیں ابھرتا تو اس کا اظہار ایک معمولی درجے کی ادبی جعل سازی کے سوا اور کچھ بھی نہیں۔

منٹو کرتب باز تھا مگر جھوٹ بولنا یا تصنعات کا سماں باندھنا اس کے لئے ممکن نہ تھا۔ چنانچہ اس کے معترضین کا رد عمل بھی بالعموم ایک کڑوے سچ کو برداشت نہ کر سکنے کا نتیجہ ہے۔ ظاہر ہے کہ ہر سچائی دیانت کی ہی کوکھ سے جنم لیتی ہے۔ اور دیانت داری کی ایک شرط یہ بھی ہے کہ آدمی مفروضہ اور مستعار یا کم از کم مبالغہ آمیز جذبات کی سطح سے خود کو دور رکھے۔ جذباتی ہونے کی پہلی سزا جو کسی ادیب کو ملتی ہے، وہ یہ ہے کہ اپنی رہی سہی ذہانت سے بھی وہ دست کش ہو جاتا ہے۔ اور منٹو کا معاملہ یہ تھا کہ وہ اپنی ذہانت کے خول کا پابند نہ سہی، جب بھی دراصل وہ اپنی ذہانت ہی کے وسیلے سے اپنے احساسات کے حقیقی اور واقعی اسلوب کی پہچان قائم کرتا تھا۔ منٹو کے ذہنی اور تخلیقی رویوں میں جو خوفزدہ کر دینے والی دیانت داری نظر آتی ہے اور جس نے منٹو کی ذات پر جھوٹ سے مفاہمت کے تمام دروازے بند کر دیے تھے، وہ جذباتی وفور سے پیدا شدہ ابتذال کو رد کرنے کے سبب ہی اس کے کردار کا جزو بن سکی تھی۔

"ہر شہر میں بدر رویں اور موریاں موجود ہیں جو شہر کی گندگی باہر لے جاتی ہیں۔ ہم اگر اپنے کمروں میں غسل خانوں کی بات کر سکتے ہیں، اگر ہم صابن اور لیونڈر کا ذکر کر سکتے ہیں تو ان موریوں بدر روؤں کا ذکر کیوں نہیں کر سکتے جو ہمارے بدن کا میل پیتی ہیں۔"

منٹو

(سفید جھوٹ)

کالی شلوار کے بیان میں

(۴)

منٹونے افسانہ نگار اور جنسی مسائل کے عنوان سے گفتگو میں یہ کہا تھا کہ "نیم کے پتے کڑوے سہی مگر خون ضرور صاف کرتے ہیں۔" اسی گفتگو میں اس کے یہ الفاظ بھی شامل تھے کہ "ہم مرض بتاتے ہیں لیکن دواخانوں کے مہتمم نہیں ہیں۔" اس سے قطع نظر کہ جنسی مسائل پر غور و فکر کی ایک جہت ایک غیر طبیعی بلکہ روحانی اور مذہبی منطقے سے بالآخر جا ملتی ہے، منٹو زندگی سے وابستہ تمام افعال اور احساسات حتیٰ کہ اپنے اظہار اور تجربات کے ادراک کی سطح پر بھی ایک گہرے اخلاقی رویے کا پابند نظر آتا ہے۔ اس کی سچائی اور صاف گوئی بھی اس کی اسی اخلاقیات کا حصہ ہے۔ ممتاز شیریں نے لکھا ہے کہ "منٹو کا رویہ اگر سنکی نہیں تو ایک حد تک سادی ضرور ہے۔ زندگی اور انسان کو اور انسان کے وحشیانہ ہیجانی جذبات عریاں کرنے میں اور اپنی تحریروں میں دھچکا پہنچانے میں منٹو کا رویہ موپاساں کی طرح تقریباً سادی ہے۔" یہ سادیت منٹو کے یہاں اگرچہ بنیادی طور پر ایک جمالیاتی اساس رکھتی ہے مگر اس کے مفہوم کا تعین ہم منٹو کی اخلاقیات کے سیاق کو جانے بغیر نہیں کر سکتے۔

اس کی اخلاقیات کا تار و پود بیک وقت انسان کے تئیں ایک متین، ملال آمیز تفکر، ایک گہری درد مندی اور انسانی تجربات کے تئیں ایک منزہ اور شفاف معروضیت سے تیار ہوا ہے۔ وہ اپنے کرداروں کے الم اور ان کے دہشت بھرے تجربوں میں شریک بھی ہے

اور ان سے الگ بھی۔ وہ انسان کے وحشیانہ ہیجانات، اس کی غارت گری، ایذا پسندی اور شہوانیت کی پہچان بھی رکھتا ہے اور ان نرم آثار جذبات کی بھی جن پر درشت اور سنگین واقعات کا خول چڑھا ہوا ہے۔

اپنے کرداروں کے باطن تک منٹو کی رسائی محض ذہن کے وسیلے سے نہیں ہوتی ورنہ اس کے افسانے کیس ہسٹریز بن جاتے اور اس طرح ایک صرف سماجیاتی مطالعے کی موضوع کی حیثیت اختیار کر لیتے۔ لیکن ایک تو یہ منٹو سماجی حقیقت اور فنی حقیقت کے امتیاز کا گہر اشعور رکھتا تھا اور یہ جانتا تھا کہ خالص حقیقت انسانی نفسیات یا اس کے معاشرتی ماحول کے مطالعے میں چاہے جتنی ہی قدر و قیمت کی حامل اور کارآمد کیوں نہ ہو، ادب میں اس کا گزر تھوڑے بہت کھوٹ کے بغیر ممکن نہیں۔ چنانچہ اپنے ایک مضمون (کسوٹی) میں اس نے کہا تھا کہ،

"ادب زیور ہے اور جس طرح خوبصورت زیور خالص سونا نہیں ہوتے، اسی طرح خوبصورت ادب پارے بھی خالص حقیقت نہیں ہوتے۔ ان کو سونے کی طرح پتھروں پر گھس گھسا کر پرکھنا بہت بڑی بے ذوقی ہے۔"

دوسرے یہ کہ منٹو کا بنیادی مسئلہ ایک ادیب کا مسئلہ تھا اور وہ اس رمز سے واقف تھا کہ ادیب کی ذمے داریوں اور مناصب کی نوعیت سماجی علوم کے ماہرین کے مقابلے میں مختلف ہی نہیں ہوتی، نسبتاً زیادہ پیچیدہ اور نازک بھی ہوتی ہے۔ "ادب یا تو ادب ہے ورنہ بہت بڑی بے ادبی ہے۔ زیور تو زیور ہے ورنہ ایک بہت ہی بد نما شے ہے۔ ادب اور غیر ادب، زیور اور غیر زیور میں کوئی درمیانی علاقہ نہیں۔" چنانچہ جیسا کہ اوپر عرض کیا گیا، منٹو اپنے کرداروں کے باطن تک اپنے تمام تر حواس کی مدد سے پہنچتا تھا اور ان کرداروں کی پہچان کے لئے بھی اس نے ان کے خارجی یا ذہنی عمل کے بجائے ان کے

مجموعی نظامِ احساس کی سطح کا انتخاب کیا تھا۔ اس طرح کردار اور ان سے وابستہ واقعات اپنی تمام جہتوں، اپنے تضادات، اپنی اندرونی کشمکش، اور اپنی نفسی اور اعصابی پیچیدگیوں کے ساتھ اس کے حواس پر وارد ہوئے تھے۔

منٹو کے یہاں انسان، انسانیت اور افراد کے باطن میں چھپی اور دبی ہوئی اخلاقی طہارت کے تئیں جو وابستگی دکھائی دیتی ہے وہ اس امر کی شاہد ہے کہ منٹو کا رویہ اپنے کرداروں کے معاملے میں ایجابی تھا اور وہ انہیں پہلے سے کوئی شرط قائم کئے بغیر ان کی کلیت کے ساتھ انہیں قبول کرتا تھا۔ جبھی تو منٹو کے کردار اس کی کہانیوں میں ڈرے سہمے اور سمٹے ہوئے دکھائی نہیں دیتے اور آزادانہ اپنا تعارف کراتے ہیں۔ حجابات سے ایسی آزادی منٹو کی تخلیقی شخصیت کا سب سے نمایاں وصف ہے۔ عسکری نے غلط نہیں کہا تھا کہ،

"جو باتیں اور ادیب کہنے کی ہمت نہ کر سکتے تھے، وہ منٹو بے دھڑک کہہ ڈالتا تھا لیکن اس سے بھی بڑی چیز یہ ہے کہ منٹو کی قسم کا فن کار ہم جیسے لوگوں کے لئے ایک ڈھال کا کام دیتا ہے۔ زندگی کی جن زہرہ گداز حقیقتوں کا شعور حاصل کئے بغیر ہم ٹھیک طرح زندہ نہیں رہ سکتے، انہیں ہمارے بجائے اس قسم کا فن کار محسوس کرکے ہمیں بتاتا ہے۔ یعنی وہ ہماری طرف سے احساس کی اذیت اٹھاتا ہے۔ اگر ایسا فن کار ہمارے درمیان نہ رہے تو پھر یہ ذمہ داری اپنی اپنی بساط بھر ہم سب کو قبول کرنی پڑتی ہے۔ منٹو کے بعد یہ بوجھ ہمارے کاندھوں پر آپڑا ہے۔ ہمیں شعور کی بلاؤں سے محفوظ رکھنے والی دیوار ہمارے سامنے سے ہٹ گئی ہے۔"

اردو افسانے کا المیہ یہ ہے کہ منٹو کے معاصرین میں بھی کسی نے احساس کی اس وسعت اور ذہن کی اس کشادگی کے ساتھ اس بوجھ کو اٹھانے میں اس کا ساتھ نہیں دیا تھا

اور اس کے بعد تو خیر تو لکھنے والوں کا رویہ ہی بڑی حد تک تبدیل ہو گیا اور نئے منشور ترتیب دیے جانے لگے۔ فن کار کی انانیت اور انفرادی تجربے سے وفاداری کا چرچا تو بہت ہوا مگر کسی دوسرے افسانہ نگار نے منٹو کی طرح اپنی ذات سے باہر دوسرے کرداروں کی انانیت اور تجربے کی انفرادیت کا اس درجہ احترام نہیں کیا۔ یہی وجہ ہے کہ تن تنہا منٹو نے اردو افسانے کو جتنے زندہ اور متحرک کرداروں سے متعارف کرایا ہے، شاید اردو کے تمام افسانہ نگار مل کر بھی یہ بار نہ اٹھا سکیں۔

اس کا مطلب یہ ہر گز نہیں کہ منٹو کے علاوہ کسی اور نے اچھے افسانے نہیں لکھے یا یہ کہ منٹو نے برے، بلکہ بہت برے اور پھسپھسے افسانے نہیں لکھے۔ میں تو صرف یہ کہنا چاہتا ہوں کہ منٹو نے چونکہ صرف اپنے شعور یا کسی مخصوص و معین قدر کو اپنا رہنما نہیں بنایا تھا، اس لئے اپنے کرداروں کا عکس اتارتے ہوئے بھی اس نے ان کی ذات کے حصے بخرے نہیں کئے۔ وہ "دواخانے کا مہتمم" بننے کے خبط میں مبتلا نہ سہی، جب بھی اس کی انگلیاں اپنے معاشرے کی نبض پر تھیں اور اس کا وجود ایک مقیاس کی مثال تھا۔

اس نے وعظ و پند، تقریر اور اظہار زہد کو اپنا شیوہ بنانے سے گریز بھی شاید اس لئے کیا کہ وہ اخلاق کا ایک گہرا اور بسیط تصور رکھتا تھا۔ اسے اپنے آپ کو گندگی کا غواص کہنے میں شرم نہیں آئی، صرف اس لئے کہ اپنی جستجو کا مقصد اس کی ذات پر روشن تھا اور ایک موقعے پر عدالت میں اپنا بیان دیتے ہوئے اس نے کہا تھا کہ وہ شاعری (ادب) جو آپ اپنی غایت ہے اور جس کا عمل صرف ایک سطحی نشاط اندوزی اور جسمانی تلذذ کے احساس کے تشکیل و ترویج تک محدود ہے، "ایسی شاعری دماغی جلق ہے۔ لکھنے اور پڑھنے والے دونوں کے لئے میں اسے مضر سمجھتا ہوں۔"

منٹو نے اپنے نصب العین کی تلاش کے لئے انسانی تجربے کی ان آبادیوں میں گشت

کیا جس پر ایک اوسطیت زدہ اخلاقیات نے بے خبری کے پردے ڈال دیے تھے، یہ بے خبری ایک تو سماجی، معاشرتی اور اخلاقی معاملات میں رویے کے ایک رخے پن کا نتیجہ تھی، دوسرے اس لئے بھی کہ منٹو کے معاصرین کو اپنی ذات پر وہ تخلیقی اعتماد، قلب و نظر کی وہ بے خوفی میسر نہ تھی جو منٹو کے یہاں ہمیں وافراد کھائی دیتی ہے۔ لیکن اس کا اہم ترین سبب وہ سچائی ہے جس کا رشتہ منٹو کی اخلاقیات سے جڑا ہوا ہے۔ اس سچائی کو ہم ایک طرح کی اخلاقی مساوات کا نام دے سکتے ہیں۔ اس مساوات کا احساس منٹو کو ایک ایسی سطح پر لے جاتا ہے جہاں اس کے کردار اور خود اس کی اپنی ذات کے مابین ذہنی، اخلاقی، تہذیبی اور معاشرتی درجات کا کوئی فرق نظر نہیں آتا۔

"اس کی نظر میں کوئی انسان بے وقعت نہیں تھا۔ وہ ہر آدمی سے اس توقع کے ساتھ ملتا تھا کہ اس کی ہستی میں بھی ضرور کوئی نہ کوئی معنویت پوشیدہ ہوگی جو ایک نہ ایک دن منکشف ہو جائے گی۔ میں نے اسے ایسے عجیب آدمیوں کے ساتھ ہفتوں گھومتے دیکھا ہے کہ حیرت ہوتی تھی۔ منٹو انہیں برداشت کیسے کرتا ہے۔ لیکن منٹو بور ہونا جانتا ہی نہ تھا۔ اس کے لئے تو ہر آدمی زندگی اور انسانی فطرت کا ایک مظہر تھا، لہذا ہر شخص دلچسپ تھا۔ اچھے اور برے، ذہین اور احمق، مہذب اور غیر مہذب منٹو کے یہاں ذرانہ تھا۔ اس میں تو انسانوں کو قبول کرنے کی صلاحیت اتنی زبردست تھی کہ جیسا آدمی منٹو کے ساتھ ہو منٹو ویسا ہی بن جاتا تھا۔"

محمد حسن عسکری،(منٹو)

(۵)

یہاں سوال اٹھتا ہے کہ پھر منٹو کو فحاشی کا قصوروار ٹھہرایا کیوں گیا؟ بہتر ہوگا کہ

اس مسئلے پر گفتگو سے پہلے ہم فحاشی کے اس تصور پر بھی ایک نظر ڈالتے چلیں جس کا تعلق ادب سے ہے اور جو ایک عرصے سے بحث و مباحثہ کا موضوع بنا ہوا ہے۔ فنی اظہار کے جتنے بھی اسالیب انسان نے اب تک دریافت کئے ہیں، اس مسئلے سے قطع نظر کہ ان کا سرچشمہ انسانی تجربات کے جن علاقوں سے تعلق رکھتا ہے، وہ معاشرتی اخلاق کے لئے ممنوعہ ہیں یا قابل قبول، بنیادی طور پر جمالیات کا مسئلہ ہیں اور اس دائرے میں رہ کر ہی ان پر کوئی بامعنی گفتگو کی جاسکتی ہے۔

اس سلسلے میں منٹو کا موقف بہت واضح ہے اور اس کی جانب پہلے بھی اشارہ کیا جا چکا ہے کہ منٹو کے نزدیک وہ "ادب پارہ" جس کا اولین مقصد قوت باہ میں اضافہ یا اس قوت کے اظہار کا کوئی سہل الحصول نسخہ ڈھونڈ نکالنا ہو، دراصل ادب ہے ہی نہیں، لیکن ظاہر ہے کہ ایسے اصحاب جن کے تخیل کی زرخیزی طب کی کتابوں اور دینی رسائل میں بھی جنسی لذت اندوزی کے وسائل کی دریافت پر قادر ہو، ان کا شعور کسی بھی ادب پارے میں در مقصود کے حصول سے بہرہ ور ہو سکتا ہے۔

'اوپر، نیچے اور درمیان' میں منٹو نے اس رویے پر طنز کے بہت سبک وار کئے ہیں۔ اس کہانی کے دو کردار 'لیڈی چیٹرلیز لور' کا مطالعہ اپنی اولاد کے لئے تو مضرت رساں سمجھتے ہیں مگر خود اس کتاب کے جستہ جستہ اقتباسات کے ذریعہ اس لمحے کی تلاش کرتے ہیں جو ان کی سوئی ہوئی قوتوں کو متحرک کر سکے۔ ان کے اعصاب کی کمزوریوں کا حال یہ ہے کہ کتاب کے بعض جملوں پر نظر پڑتے ہی ان کی نبض کی رفتار تیز ہو جاتی ہے۔ ایسے لوگ نہ جنس کے مسائل سمجھ سکتے ہیں، نہ اس ادب کے جس میں جنسی تجربوں کی وساطت سے انسانی وجود کی کائنات اصغر کے کسی پہلو پر روشنی ڈالی گئی ہو۔ چنانچہ کسی ادب پارے میں جنسی اشتعال کے عنصر کا ہونا یا نہ ہونا بے معنی ہے۔ اس

مسئلے کی بنیاد پر ہم نہ تو اس ادب پارے کی جمالیاتی تقویم کر سکتے ہیں نہ ہی اس پر کسی جمالیاتی فیصلے کا اطلاق کر سکتے ہیں۔ بحث صرف اس بات سے ہونی چاہئے کہ اس اشتعال کے نقطے تک رسائی یا اس عنصر کی پہچان کے لئے قاری نے کیا راستہ اختیار کیا ہے۔ ممتاز شیریں نے منٹو پر اپنے مضمون میں اس کے اسلوب کا تجزیہ کرتے ہوئے لکھا ہے،

"ٹھنڈا گوشت، ایک ایسا افسانہ ہے جسے ہم منٹو کے فن کے مکمل نمونے کے طور پر لے سکتے ہیں۔ منٹو کے اسلوب تحریر میں غضب کی چستی ہے۔ 'ٹھنڈا گوشت' اتنا گٹھا ہوا، چست اور مکمل افسانہ ہے کہ اس میں ایک لفظ بھی گھٹایا یا بڑھایا نہیں جا سکتا۔ ایشر سنگھ کے ٹوٹے پھوٹے جملوں میں اس مضطرب دل و دماغ کی ساری کرب انگیز کیفیت کھنچ آئی ہے۔ پہلے منٹو کو کوئی کردار ابھارنا ہوتا تھا تو وہ کئی ایک واقعات کے ذریعے اور خود اپنی طرف سے ان کی صفت بیان کر کے یہ کردار ابھارتا تھا۔ 'ٹھنڈا گوشت' کے دو تین ابتدائی پیراگرافوں میں صرف جسمانی ساخت اور چند ایک حرکات کے بیان میں ایشر سنگھ اور کلونت کور کے غیر معمولی کردار ابھر آئے ہیں۔ موپاساں کے بارے میں کہا گیا ہے کہ جب وہ کسی غیر معمولی گرم اور شہوت انگیز عورت کا ذکر کرتا ہے تو اس تحریر کا کاغذ تک تازہ گرم گوشت کی طرح پھڑکنے لگتا ہے۔ کچھ یہی کیفیت کلونت کور کے بیان میں ہے۔" (منٹو کا تغیر اور ارتقا)

دوسری طرف 'ٹھنڈا گوشت' کے مقدمے میں ایک گواہ صفائی ڈاکٹر سعید اللہ کا یہ بیان ہے کہ افسانہ 'ٹھنڈا گوشت' پڑھنے کے بعد میں خود ٹھنڈا گوشت بن گیا۔ ایک اور قاری (مولانا اختر علی) کا رد عمل مقدمے کی سماعت کے دوران یہ تھا کہ اب ایسا ادب پاکستان میں نہیں چلے گا اور انہیں کی قبیل کے دوسرے بزرگ (چودھری محمد حسین) نے فرمایا کہ اس کہانی کی تھیم یہ ہے کہ ہم مسلمان اتنے بے غیرت ہیں کہ سکھوں نے

ہماری مردہ لڑکی تک نہیں چھوڑی۔ ویسے منٹو نے اپنے تئیں اس کہانی کے ذریعہ دوسروں تک ایک پیغام پہنچانے کی خدمت انجام دی تھی۔

"یوں تو یہ کہانی بظاہر جنسی نفسیات کے ایک نکتے کے گرد گھومتی ہے لیکن در حقیقت اس میں انسان کے نام ایک نہایت ہی لطیف پیغام دیا گیا ہے کہ وہ ظلم، تشدد اور بربریت و حیوانیت کی آخری حدود تک پہنچ کر بھی اپنی انسانیت نہیں کھوتا۔ اگر ایشر سنگھ اپنی انسانیت کھو چکا ہوتا تو مردہ عورت کا احساس اس پر اتنی شدت سے کبھی اثر نہ کرتا کہ وہ اپنی مردانگی سے عاری ہو جاتا۔"

وہ بزرگ جنہوں نے اس افسانے کے سلسلے میں منٹو کو تین ماہ قید بامشقت اور تین سو روپے جرمانے کی سزا دی تھی، ان کا موقف اس باب میں یہ تھا کہ پاکستان کے مروجہ اخلاقی معیار قرآن پاک کی تعلیم کے سوا اور کہیں سے زیادہ صحیح طور پر معلوم نہیں ہو سکتے۔ غیر شائستگی اور اور شہوت پرستی شیطان کی طرف سے ہے۔ ایک ترقی پسند نقاد (ممتاز حسین) کا تبصرہ یوں ہے کہ منٹو نیکی کی تلاش میں نکلتا ہے اور اس کی کرن ایک ایسے انسان کے پیٹ سے نکالتا ہے جس کے بارے میں آپ اس قسم کی توقع نہیں رکھتے۔ یہ ہے منٹو کا کارنامہ! لیکن ظاہر ہے کہ منٹو کا اصل کارنامہ بہ حیثیت ادیب یہ ہرگز نہیں ہے۔ رہی اس مقدمے کے منصف اور استغاثے کے بعض گواہوں کی بات، تو ان کے بارے میں منٹو کا یہ خیال غلط نہ تھا کہ ان کے سامنے اپنی صفائی میں بیان دینا بھینس کے آگے بین بجانے کے مترادف تھا۔

کسی کے نزدیک فحاشی کا مسئلہ سیاست کی حدود تک جا پہنچا، کسی نے اسے اسلام کے لئے خطرے کا نشان سمجھا۔ ایک صاحب اسے منٹو کے بجائے شیطان کارنامہ قرار دے بیٹھے تو دوسری طرف ایک ہمدرد نقاد نے اسے نیکی کی تلاش کے ایک سفر سے تعبیر کیا۔

مجھے اس سوال سے غرض نہیں کہ رد عمل کی ان تمام صورتوں میں کون سی صورت نسبتاً بہتر منطقی اساس رکھتی ہے اور ہم خود کو اس سے متفق پاتے ہیں یا نہیں۔ میر امسئلہ وہ پیغام بھی نہیں جو اس کہانی کی وساطت سے منٹو نے عام کرنا چاہا ہے کہ یہ کام تو معمولی قسم کے واعظ بھی کر سکتے ہیں۔ ادب کے ایک قاری کی حیثیت سے ہمارا سروکار اس مسئلے سے ہونا چاہئے کہ یہ پیغام یا اخلاقی نصب العین ادب بن سکا ہے یا نہیں۔ اس "ذلت اور شیطنت" کے اعتبار کی بنیادیں اخلاقیات کی زمین پر نہ سہی، فنی احساس و اظہار کی سطح پر قائم ہو سکی ہیں یا نہیں۔ اخلاق بقول فراق، "نخل لب دریائے معاصی" ہے یا خیر کے چھینٹوں سے نمو پانے والا شجر سایہ دار، یہاں یہ تمام سوالات ضمنی حیثیت رکھتے ہیں اور محض ان سے منٹو کے ادبی منصب میں اضافہ ہوتا ہے نہ تخفیف۔

ادب میں جنسی تجربوں کی شمولیت کے سوال پر بحث کرتے ہوئے ہمیں جمالیاتی امتیازات کو بہر صورت پیش نظر رکھنا چاہئے۔ چنانچہ ممتاز شیریں کی اس رائے پر نظر ڈالتے وقت بھی کہ منٹو کے شہوت انگیز نسوانی کردار سوگندھی، نیلم اور کلونت کو اپنے تیز جذبات کے ساتھ جاندار اور پھڑکتے ہوئے دکھائی دیتے ہیں، اس کیفیت کے ساتھ کہ اس تحریر کا کاغذ تک، جن پر ان کا ذکر ہو "تازہ گرم گوشت کی طرح پھڑکنے لگتا ہے۔" ہمیں یہ نہ بھولنا چاہئے کہ منٹو اپنے کرداروں کے عمل کی غایت میں انسانی سطح پر چاہے جس حد تک شریک رہا ہو، بطور افسانہ نگار وہ معروضیت کے احسان کی قدر و قیمت کا بھی گہرا شعور رکھتا ہے۔ اس ضمن میں خود منٹو کی اپنی تصریحات اور بیانات صفائی کو زیادہ اہمیت نہ دینی چاہئے کہ ایک تو ان کے مقاصد محدود تھے، دوسرے منٹو جیسی ذہانت رکھنے والے شخص سے یہ امر کچھ بعید نہ تھا کہ اپنی غلط گمانوں کو صحیح ثابت کرنے کے لئے بھی وہ ادھر ادھر سے دلائل یکجا کر کے ایک اچھا خاصا مقدمہ تیار کر لے۔

'لذت سنگ' میں منٹو نے کہا تھا کہ میرے نزدیک قصائیوں کی دوکانیں فحش ہیں کیونکہ ان میں ننگے گوشت کی بہت بدنما اور کھلے طور پر نمائش کی جاتی ہے۔ یہ الفاظ اہم ہیں کیونکہ ان کا تعلق اسی اساسی مسئلے سے ہے جسے ہم منٹو کے جمالیاتی اور فنی عمل کے تناظر میں دیکھ سکتے ہیں اور ان سے منٹو کے تخلیقی رویے کی تعیین میں کچھ روشنی حاصل کر سکتے ہیں۔ منٹو نے 'ٹھنڈا گوشت' کی قسم کے افسانوں میں جہاں کہیں اپنے کسی کردار کے گرم اور تیز جذبات کی تصویریں کھینچی ہیں، ایسے تمام مواقع کہانی کے ارتقا کی چند کڑیوں سے زیادہ اہمیت نہیں رکھتے، چنانچہ مقصود بالذات نہیں ہیں۔ یہ مواقع اس شدید لمحے کی جانب سفر کی رفتار کو تیز کر دیتے ہیں جو منٹو کے سفر کی اصل منزل یا اس کی کہانیوں کا نقطہ عروج اور اختتامیہ ہے۔ اور ظاہر ہے کہ اس لمحے تک پہنچتے پہنچتے سطحِ جذبات کی سطحوں کو مرتعش کرنے والی شوخ اور رنگین تصویریں اس لمحے کے ملال اور اس کی استعجابی کیفیت میں ڈوب جاتی ہیں اور ان کا انفرادی تاثر زائل ہو جاتا ہے۔ کہانی کے مجموعی ڈھانچے اور اس کی تخلیقی وحدت سے ہمیشہ غلط راستے پر لے جانے کا سبب بنتی ہے۔

منٹو کی کہانیوں کے مجموعی تناظر میں ان تصویروں کو دیکھا جائے تو اندازہ ہوگا کہ اس کی بیشتر کہانیوں کے ٹیکسچر کی منطق ان تصویروں کو ایک ناگزیریت عطا کرتی ہے۔ فحش ذہنی کا مرتکب وہ اس صورت میں ہوتا جب یہ تصویریں اس کی کہانیوں کے فریم میں کلیدی نقطے کے طور پر ایک خود مکتفی اور قائم بالذات حیثیت کی حامل ہوتیں اور یہ نقطہ ایک پھیلتے ہوئے دائرے کی صورت میں کہانی کے پورے تاثر کو اپنی گرفت میں لے لیتا۔ منٹو نے حالی، اقبال اور بہشتی زیور کی ذہنی غذا پر پرورش پانے والے بظاہر منزہ اور مثالی انسان کے مقابلے میں انسان کو اس کی کلیت میں، اس کے اندرونی تضادات اور اس

کے باطن کی سطح پر جاری رہنے والی اندھیرے اور اجالے کی مستقل کشمکش کے آئینے میں دیکھنے کی جرأت کی ہے۔ ان کہانیوں کو یورپ کی Erotica کے طور پر پڑھنا بھی مناسب نہ ہو گا، نہ ہی انہیں جعفر زٹلی کے کلیات اور متشرع بزرگوں کی ان مثنویوں کے ساتھ رکھا جا سکتا ہے جن میں اظہار کی بے باکی گالی کا اور معشوق سے وصل کے مناظر Blue Films کا روپ اختیار کر لیتے ہیں۔

وہ بوکیشیو یا بالزاک کی طرح جنسی مہمات کی نقش گری اگر کرتا بھی ہے تو اس طرح کہ ایک انتہائی ذاتی عمل ایک وسیع تر سماجی تصور کی کلید بن جاتا ہے اور پرانی داستانوں کے کسی جادوئی کلمے کی مانند ایک پر اسرار، نادیدہ اور نو دریافت منظر نامے کا باب کھولتا ہے۔ یہ رویہ منٹو کو بعض اعتبارات سے بودلیر اور لارنس کی طرح ایک زبردست اخلاقی وژن رکھنے والے ادیب کی حیثیت دیتا ہے مگر ایک بہت بڑے فرق کے ساتھ کہ منٹو کی حقیقت پسندی جنسی افعال کی معنویت میں معاشرے سے وابستہ چند سوالات کے جواب تک تو پہنچتی ہے لیکن ان میں کسی سری، متصوفانہ یا مابعد طبیعی منطق کا سرا نہیں ڈھونڈتی۔ مجموعی طور پر یہی انداز نظر منٹو کی اخلاقیات کو ترقی پسندوں اور ایک دینی یا متصوفانہ ذہنی ماحول کی ترجمانی کرنے والے ادیب نما معلموں کی آئیڈیلزم کے تصور سے متمائز کرتا ہے اور اسے زیادہ بسیط، بامعنی اور فطری بناتا ہے۔

اس کے آئینے میں جو عکس دکھائی دیتے ہیں وہ نہ صرف سماجی انسان کے ہیں نہ مذہبی انسان کے بلکہ ایک مربوط انسان کے خد و خال سے مزین ہیں۔ منٹو ان کے اعمال کی غایت کو سمجھنے کے لئے نہ کسی سماجی فلسفے کا محتاج ہوتا ہے نہ مذہب، تصوف اور مابعد الطبیعیات کے پر اسرار جہانوں کی سیر کا طالب ہوتا ہے۔ اس کی جسارت آمیز حقیقت پسندی کسی بیرونی سہارے کی تلاش نہیں کرتی اور اپنے مہیب الم آلود انکشافات کے

ذریعہ اس عام مفروضے کی نفی بھی کرتی ہے کہ جنسی تجربے کی حدیں اتنی تندی اور اخلاص کے سبب بالآخر ایک نیم مذہبی تجربے سے جاملتی ہیں۔ ایسا نہ ہوتا تو منٹو بھی آچاریہ رجنیش کی طرح کسی کلٹ کا علمبردار بن جاتا اور اس کی تحریریں ایک صحیفے کی صورت اختیار کر لیتیں۔ وہ انسانی تجربات کی ایسی سطحوں تک جا پہنچتا ہے جو بہت سادہ اور دوٹوک نہیں ہیں۔ تاہم وہ کسی بھی سطح پر جسم کے وجود کو ایک فریب یا اپنے کرداروں کو ایک تصور کی شکل میں دیکھنے پر آمادہ نہیں ہوتا۔

منٹو کی کہانیوں میں اسی لئے فنی تنظیم کے شعور سے پیدا ہونے والی رمزیت اور چستی کے باوجود سطح کا کھرداراپن اور بیان کا بے تصنع، بیساختہ فطری بہاؤ بہت واضح ہے۔ وہ اپنے بیان کو دلچسپ بنانے کے لئے کسی بھی قسم کے لسانی اور اسلوبیاتی تکلف سے کام نہیں لیتا، نہ اظہار کی مجموعی ہیئت میں نقطہ کمال تک رسائی کا طالب ہوتا ہے، پھر بھی اس کی کہانیاں پڑھنے والے پر ایک تجربے کی صورت وارد ہوتی ہیں۔ ایسا صرف اس لئے ہی کہ منٹو کی نگاہ مانوس واقعات کی رسمیت کے زائدہ غبار میں بھی روشنی کے ان تمام نقطوں کو پہچان لیتی ہے جن کی ترتیب سے اس کی کہانیوں کا خارجی ڈھانچہ وجود میں آتا ہے۔ لارنس کے بارے میں اس کے ایک سوانح نگار کا قول ہے کہ وہ ترشے ترشائے، صاف، منزہ فن پاروں، نک سک سے درست نپی تلی ہوئی ہیئتوں اور خوبصورت، آراستہ، پرشکوہ عمارتوں سے اس لئے بیزاری محسوس کرتا تھا کہ ان میں سادگی کا وہ جوہر مفقود ہوتا ہے جس کی ایک سطح کھرداراپن بھی ہے۔

موسیقی میں اسے احتیاط، سلیقے اور انتہائی محنت سے مرتب کی ہوئی سمفنیز کے مقابلے میں عوامی گیت زیادہ متوجہ کرتے تھے کہ ان کی نمو ایک فوری، خود کار تشویق کی و ساطت سے ہوتی ہے۔ وہ اپنے احساسات کے حوالے سے تجربے کی جو بھی ہیئت دریافت

کرتا تھا اسے جوں کا توں کاغذ پر منتقل کر دیتا تھا اور اس عمل میں شعور کی مداخلت بیجا سے ہمیشہ ڈرتا اور بچتا تھا۔ اس کی تلاش بس یہ ہوتی تھی کہ جو کچھ بھی وہ خلق کرے اس کا سرچشمہ تمام و کمال اس کے باطن میں پوشیدہ پراسرار اور غیر عقلی توانائیاں ہوں، ہر طرح کے بیرونی جبر، ترغیب اور مصلحت سے یکسر آزاد اور مبرا۔

لارنس کے یہاں حواس کی طہارت کو قائم رکھنے کی اس لگن نے ایک صوفیانہ استغراق کی کیفیت پیدا کر دی تھی۔ وہ کسی راہب کی مثال اپنی خلوتوں کے سناٹے میں متین اور ملول کشف کے ان لمحوں کا منتظر رہتا تھا جو اس تک جسم کی روحانیت کے رازوں کی خبر لا سکیں۔ اس رویے کے تسلط نے لارنس کے یہاں ایک غیر ارضی، کسی قدر جذباتی اور سری کیفیت کو جنم دیا ہے۔ یہ کیفیت جنس کو عبادت اور جسم کو بالآخر ایک تجرید بنا دیتی ہے، مثلاً لیڈی چیٹرلیز لور کے یہ اقتباسات،

And he had to come in to her at once,to enter the peace on earth of her soft-quiescent body...

For down in her she felt a new stirring,a new nakedness emerging...

And it seemed she was like the sea,nothing but dark waves rising and heaving,heaving with great swell,so that slowly her whole darkness was in motion,and she was ocean rolling its dark dumb mass.Oh,and far down inside her the deeps parted and rolled asunder,from the centre of soft plunging,and the plunger went deeper and deeper disclosed,the heavier the billows of her rolled away to some shore,uncovering her,and close and closer plunged the palpable unknown,and further and further rolled the waves of her self away from herself,leaving her,till suddenly,in a soft shuddering convulsion,the quick of all her plasm was touched she knew herself touched, the consummation was upon her,and she was gone.

لیجئے قصہ ختم! روز مرہ زندگی کی ایک جیتی جاگتی حقیقت ارتفاع کے ایک ماورائی مرحلے کو عبور کرتی ہوئی کہاں جا پہنچی؟ سیدھے سادے لفظوں میں اسے ہم حقیقت کے اس سفر سے تعبیر کر سکتے ہیں جس کی منزلِ مراد مجاز کا نقطہ ہے یعنی یہ رگوں میں دوڑتا، چہکتا، بولتا لہو بالآخر ایک حسی کیفیت میں تبدیل ہو گیا۔ اس کے بر عکس منٹو کے نگار خانے کی یہ چند تصویریں،

"کلونت کور اپنے بازو پر ابھرے ہوئے لال دھبے کو دیکھنے لگی، 'بڑا ظالم ہے تو ایشر سیاں!' ایشر سنگھ اپنی گھنی کالی مونچھوں میں مسکرایا، 'ہونے دے آج ظلم!' اور یہ کہہ کر اس نے مزید ظلم ڈھانے شروع کئے۔ کلونت کور کا بالائی ہونٹ دانتوں تلے کچکچایا، کان کی لوؤں کو کاٹا، ابھرے ہوئے سینے کو بھنبھوڑا، بھرے ہوئے کولہوں پر آواز پیدا کرنے والے چانٹے مارے، گالوں کے منھ بھر بھر کے بوسے لیے، چوس چوس کر اس کا سارا بسینے تھوکوں سے لتھیڑ دیا۔ کلونت کور تیز آنچ پر چڑھی ہوئی ہانڈی کی طرح ابلنے لگی، لیکن ایشر سنگھ ان تمام حیلوں کے باوجود خود میں حرارت پیدا نہ کر سکا۔ جتنے گر اور جتنے داؤ اسے یاد تھے، سب کے سب اس نے پٹ جانے والے پہلوان کی طرح استعمال کر دیے، پر کوئی کار

گر نہ ہوا۔ کلونت کور نے جس کے بدن کے سارے تار تن کر خود بخود رہے تھے ، غیر ضروری چھیڑ چھاڑ سے تنگ آکر کہا، "ایشر سیاں ، کافی پھینٹ چکا ہے ، اب پتا پھینک!"

"دیوار کا سہارا لے کر مسعود نے اپنے جسم کو تولا اور اس انداز سے آہستہ آہستہ کلثوم کی رانوں پر اپنے پیر جمائے کہ اس کا آدھا بوجھ کہیں غائب ہو گیا۔ ہولے ہولے بڑی ہوشیاری سے اس نے پیر چلانے شروع کیے۔ کلثوم کی رانوں میں اکڑی ہوئی مچھلیاں اس کے پیروں کے نیچے دب دب کر ادھر ادھر پھسلنے لگیں۔ مسعود نے ایک بار اسکول میں تنے ہوئے رسّے پر ایک بازی گر کو چلتے ہوئے دیکھا تھا۔ اس نے سوچا کہ بازی گر کے پیروں کے نیچے تنا ہوا رسّا اسی طرح پھسلتا ہو گا۔"

"ساری رات رندھیر کو اس کے بدن سے عجیب و غریب قسم کی بو آتی رہی تھی۔ اس بو کو جو بیک وقت خوشبو اور بدبو اور تھی، وہ تمام رات پیتا رہا۔ اس کی بغلوں سے، اس کی چھاتیوں سے، اس کے بالوں سے، اس کے پیٹ سے، ہر جگہ سے ، یہ جو بدبو بھی تھی اور خوشبو بھی، رندھیر کے ہر سانس میں موجود تھی۔ تمام رات وہ سوچتا رہا کہ یہ گھاٹن لڑکی بالکل قریب ہونے پر بھی ہر گز ہر گز اتنی زیادہ قریب نہ ہوتی، اگر اس کے ننگے بدن سے یہ بو نہ اڑتی۔ یہ بو جو اس کے دل و دماغ کی ہر سلوٹ میں رینگ گئی تھی، اس کے تمام پرانے اور نئے خیالوں میں رچ گئی تھی۔ اس بو نے اس لڑکی کو اور رندھیر کو ایک رات کے لئے آپس میں حل کر دیا تھا۔ دونوں ایک دوسرے کے اندر داخل ہو گئے تھے۔ عمیق ترین گہرائیوں میں اتر گئے تھے جہاں پہنچ کر وہ ایک خاص انسانی لذت میں تبدیل ہو گئے تھے، ایسی لذت جو لمحاتی ہونے کے باوجود دائمی تھی، مائل پرواز ہونے کے باوجود ساکن اور جامد تھی۔ وہ دونوں ایک ایسا پنچھی بن گئے تھے جو آسمان کی نیلاہٹوں میں اڑتا اڑتا غیر متحرک دکھائی دیتا ہے۔"

ان میں پہلی دو تصویریں حقیقت کی طبیعی سطح سے ایک پل کے لئے اوپر نہیں اٹھتیں اور ان کے کردار اپنے گوشت پوست کے ساتھ پڑھنے والے کو متحرک دکھائی دیتے ہیں۔ تیسری تصویر حقیقت کے مشہود تجربے کو ایک غیر مرئی تاثر کی سطح تک لے جاتی ہے اور واقعے کو کیفیت میں منتقل کرتی ہے، اس کے باوجود تجربے کی ارضی بنیادیں منہدم نہیں ہوتیں اور اس کے کردار کسی بعید از قیاس، ان دیکھی اور پر اسرار فضا میں تحلیل نہیں ہوتے۔ چنانچہ ان کی موجودگی اور بشریت کے حدود کا تاثر قائم رہتا ہے۔ انسانیت کے شعور کی ایک سطح یہ بھی ہے کہ انسانی وجود کا اثبات اس کی کلیت اس کے حوالے سے کیا جائے اور اچھے برے اعمال کی بحث سے الگ ہو کر انسان کو سمجھنے کی جستجو کی جائے۔

بودلیئر نے رومانویوں کے تکمیل ذات کے نظریے کو اس تصور کی بنیاد پر مسترد کیا تھا کہ انسان پیشاب کی تھیلی کے نیچے نو مہینے گزارتا ہے، چنانچہ اس کا پاک اور منزہ ہونا خارج از امکان ہے۔ اسی کے ساتھ وہ یہ بھی سمجھتا تھا کہ خیر کی نمود گناہ کے احساس کے بغیر ممکن ہی نہیں ہو سکتی۔ ایک عرصے تک اس نوع کے تصورات کو لوگ شیطانی قوتوں کے اظہار سے تعبیر کرتے رہے، لیکن اب جبکہ اس معاملے میں عام نقطہ نظر خاصا تبدیل ہو چکا ہے، بودلیئر کے مطالعے کی ایک نئی نہج بھی دریافت کی جا چکی ہے اور نہ صرف یہ کہ اس کے یہاں ایک باضابطہ نظام اخلاق کی موجودگی کا ذکر بڑے خشوع و خضوع کے ساتھ کیا جاتا ہے، بلکہ اس نظام کے ڈانڈے بودلیئر کی کیتھولیسزم سے بھی ملا دیے گئے ہیں۔

منٹو کی اخلاقیات، جیسا کہ پہلے عرض کیا جا چکا ہے، اس قسم کے کسی بھی تناظر کی گنجائش نہیں رکھتی۔ اس کے یہاں الفاظ کی جو کفایت، اسلوب میں جو چستی اور کہانیوں کے مجموعی آہنگ میں جو غیر جذباتیت نمایاں ہے، وہ انسان کی طرف اس کے مخصوص

رویے کی زائدہ ہے۔ یہ رویہ بودلیئر یا لارنس یا متقدمین کے رویوں سے مختلف ہی نہیں، ان سب سے زیادہ حقیقت پسندانہ بھی ہے۔ شاید اسی لئے ہم منٹو کی فکر کو اپنے زمانے کی فکر سے نسبتاً زیادہ ہم آہنگ پاتے ہیں۔ اور اسے بودلیئر یا لارنس کی طرح ایک اخلاقی وژن رکھنے والے ادیب کی حیثیت دینے کے باوجود اسے ہم ان باکمالوں سے اس درجہ الگ بھی دیکھتے ہیں۔

یوں منٹو نے کبھی بھی اس ضمن میں ایسی فلسفہ طرازی بھی کی ہے جو اس کے معروضی اور حقیقت پسندانہ اخلاقی تصور کو ایک نئے فکری تناظر میں دیکھنے کا تقاضہ کرتی ہے۔ مثلاً اس کے یہ الفاظ، "دوروحوں کا سمٹ کر ایک ہو جانا اور ایک ہو کر والہانہ وسعت اختیار کر جانا۔ دو روحیں سمٹ کر اس ننھے سے نکتے پر پہنچتی ہیں، جو پھیل کر کائنات بنتا ہے۔"اس کے عام رویے سے میل نہیں کھاتے اور منٹو کو تجربے کی واقعیت کے بجائے اس کے امکان کا عکاس ٹھہراتے ہیں۔ میرا خیال ہے کہ اس نوع کے بیانات کی حقیقت صرف اس قدر ہے کہ منٹو ملامتوں کی بارش میں چند مفروضات کو ڈھال بنانے کے جتن بھی کرتا تھا۔ اسی لئے اس کے ان مضامین میں جو اپنے موقف کی وضاحت کے لئے لکھے گئے، بعض مقامات پر اعتداز کا انداز بھی بہت واضح ہے۔

اکا د کا مستثنیات سے قطع نظر، منٹو کے یہاں جنسی واردات کے بیان یا خاشی کے تصور کی بابت ایک غیر مبہم اور غیر جذباتی صاف گوئی ملتی ہے۔ جس طرح وہ عام زندگی میں بھی بظاہر غیر شریفانہ زندگی گزارنے والوں سے بے جھجک ملتا تھا، اسی طرح اپنی کہانیوں میں لچوں، لفنگوں، بھٹروں، طوائفوں، قاتلوں، شرابیوں، غرضیکہ اخلاقی جرائم کا ارتکاب کرنے والوں کے بیان میں بھی وہ صاف گو نظر آتا ہے۔ اس کا لب ولہجہ کسی بھی قسم کے اخلاقی اور فلسفیانہ پوز سے کوئی علاقہ نہیں رکھتا۔ یہ صاف گوئی منٹو کے یہاں

اس کے اخلاقی تعہد ہی کے نتیجے میں پیدا ہوئی ہے۔ بصورت دیگر جنسی جذبات یا جنسی وارادات کی عکاسی میں اس کی صاف گوئی مور اویا کی طرح ایک دلچسپ ابتذال کی شکل بھی اختیار کر سکتی تھی۔

مور اویا اور منٹو دونوں جنسی احساسات کی ترجمانی میں غیر معمولی مہارت رکھتے ہیں۔ دونوں ان احساسات کی نفسیاتی جہتوں کے شناسا ہیں۔ تاہم منٹو کا معاملہ اس لحاظ سے مختلف ہے کہ اس کا مقصود جنسی کوائف اور وارادات کی کوری تصویر کشی نہیں ہے۔ یہ صحیح ہے کہ وہ اوپر سے کسی اخلاقی فیصلے کا نفاذ نہیں کرتا، پھر بھی اس کے کرداروں کا عمل بالآخر اپنے سماجی سیاق کی جانب ہمیں متوجہ کرتا ہے۔ اس کی کہانیوں کے خارجی ڈھانچے سے ایک اخلاقی لہر خود بخود نمودار ہوتی ہے اور ان کے اختتام پر قاری لذیذ وارادات کی تصویروں کے بجائے خود کو کہانی کے مجموعی تاثر یا اس مرکزی نقطے سے دو چار پاتا ہے جس کی حیثیت منٹو کے بنیادی وژن کا قفل کھولنے والی کلید کی ہے۔ ظاہر ہے کہ ادب کا مقصد جنسی وارادات کا بے وکاست بیان ہے بھی نہیں۔ یہ خدمت سماجیات کے ماہرین بہتر طور پر انجام دے سکتے ہیں۔ منٹو اپنے تجربات کو ایک شعور کی سطح پر دریافت کرتا ہے، پھر انہیں ٹھوس اور ذی روح استعاروں کی مدد سے از سر نو خلق کرتا ہے،

"اس کے خارش زدہ کتے نے بھونک بھونک کر ماد ھو کو کمرے سے باہر نکال دیا۔ سیڑھیاں اتار کر جب کتا اپنی ٹنڈ منڈ دم ہلاتا سوگندھی کے پاس واپس آیا اور اس کے قدموں کے پاس بیٹھ کر کان پھڑ پھڑ انے لگا تو سوگندھی چونکی، اس نے اپنے چاروں طرف ایک ہولناک سناٹا دیکھا، ایسا سناٹا جو اس نے پہلے کبھی نہ دیکھا تھا۔ اسے ایسا لگا کہ ہر شے خالی ہے۔ جیسے مسافروں سے لدی ہوئی ریل گاڑی سب اسٹیشنوں پر مسافر اتار کر اب لوہے کے شیڈ میں بالکل اکیلی کھڑی ہے۔ یہ خلا جو اچانک سوگندھی کے اندر پیدا ہو گیا

تھا۔ اسے بہت تکلیف دے رہا تھا۔ اس نے کافی دیر تک اس خلا کو بھرنے کی کوشش کی مگر بے سود۔ وہ ایک ہی وقت میں بے شمار خیالات اپنے دماغ میں ٹھونستی تھی۔ مگر بالکل چھلنی کا سا حساب تھا، ادھر دماغ کو پر کرتی تھی، ادھر وہ خالی ہو جاتا۔ بہت دیر تک وہ بید کی کرسی پر بیٹھی رہی۔ سوچ بچار کے بعد بھی جب اس کو اپنا دل پر چانے کا کوئی طریقہ نہ ملا تو اس نے اپنے خارش زدہ کتے کو گود میں اٹھایا اور سا گوان کے چوڑے سے پلنگ پر اسے پہلو میں لٹا کر سو گئی۔"

"ترلوچن واپس آگیا۔ اس نے آنکھوں ہی آنکھوں میں موذیل کو بتایا کہ پالی کور جا چکی ہے۔ موذیل نے اطمینان کا سانس لیا۔ لیکن ایسا کرنے سے بہت سا خون اس کے منہ سے بہہ نکلا، 'اوہ ڈیم اٹ۔' یہ کہہ کر اس نے اپنی مہین مہین بالوں سے اٹی ہوئی کلائی سے اپنا منہ پونچھا اور ترلوچن سے مخاطب ہوئی، 'آل رائٹ ڈارلنگ۔۔۔ بائی بائی۔ 'ترلوچن نے کچھ کہنا چاہا مگر لفظ اس کے حلق میں اٹک گئے۔ موذیل نے اپنے بدن پر سے ترلوچن کی پگڑی ہٹائی، 'لے جاؤ اس کو۔۔۔ اپنے اس مذہب کو۔ 'اور اس کا بازو اس کی مضبوط چھاتیوں پر بے حس ہو کر گر پڑا۔"

کھول دو کے اختتامیہ جملوں کی طرح ان اقتباسات میں بھی کہانی کے رگ و پے میں دوڑتا ہوا لہو ایک نقطے پر کھینچ آیا ہے ؛ واقعہ تاثر بن گیا ہے اور کرداروں کے سوچنے کا عمل ان کے افعال کا حصہ۔ اس سطح پر منٹو کا تخلیقی رویہ ہمیں اس کے تمام معاصرین کے مقابلے میں بہت جاندار دکھائی دیتا ہے اور یہ محسوس ہوتا ہے کہ منٹو اپنے تخلیقی منصب کا جیسا زبردست شعور رکھتا تھا، اس کی مثال ہمیں اس کے معاصرین سے قطع نظر مغرب کے ان جلیل القدر قصہ گویوں کے یہاں بھی کم ہی ملے گی جو "فحش نگاروں" کی قبیل سے تعلق رکھتے ہیں۔

ادب میں فحاشی کے عنصر پر تبصرہ کرتے ہوئے ایک نقاد نے کہا تھا کہ کسی فحش ادب پارے کی ایک پہچان یہ بھی ہوتی ہے کہ اس کے فحش حصوں کو عام قاری بار بار پڑھتا ہے تا کہ لذت کوشی کا احساس قائم رہے۔ اس لذت کا سامان واقعے کے علاوہ بیان کا ڈھانچہ تیار کرنے والے الفاظ اور استعارے فراہم کرتے ہیں۔ پست درجے کی کتابیں از اول تا آخر اس فضا کو قاری کے سامنے سے اوجھل نہیں ہونے دیتیں۔ امریکیوں کی اصطلاح میں اسے ہم Hardcore Pornography کہہ سکتے ہیں۔ یہ فحاشی اچھے لکھنے والوں کے یہاں ایک تخئیلی جہت اختیار کر لیتی ہے۔ مثال کے طور پر جان بارتھ کے ناول The Sot-weed Factor (۱۹۶۰) میں یا ہنری ملر کی بعض کتابوں میں جس پر پاؤنڈ نے ہیمنگوے کے نام اپنے ایک خط میں یہ بلیغ تبصرہ کیا تھا (۱۹۲۴) کہ میں نے ابھی ابھی ایک دلچسپ فحش کتاب ختم کی ہے جس کا مصنف ہنری ملر نامی ایک شخص ہے۔

اس موقع پر ہمیں یہ نہ بھولنا چاہئے کہ کچھ نہ کہنے کے طریقے ادب میں کبھی بھی دلچسپ نہیں ہوتے۔ خالی خولی لفظی یا لسانی داؤں پیچ اسلوب کے ماہرین کے لئے قابل توجہ ہو سکتی ہے مگر ادب پڑھنے والے مطالبات کا سلسلہ اس سے آگے بھی جاتا ہے۔ اس کا مسئلہ وہ انوکھی اکائی ہوتی ہے جو لفظ اور خیال کے باہم انضمام کے نتیجے میں سامنے آتی ہے اور ہر چند کہ اس کا مقصد قاری تک صرف کوئی خبر لے جانا نہیں ہوتا مگر وہ اس عنصر سے خالی بھی نہیں ہوتی۔ فحاشی کی سطح پر اس رویے کی شاید سب سے بہتر مثال جیمس جوائس کی 'یولیسس' میں مولی بلوم کی خود کلامی ہے۔ اس کا ایک اقتباس بھی دیکھتے چلیں،

....I saw he understood or felt what a woman is and I

knew I could get round him and I gave him all him all the

pleasure I could leading him on till he asked me to say

yes...and I thought well as well him as another and then I asked him with my eyes to to ask again yes and then he asked me would I yes to say yes my mountain flower and first I put my arms around him yes and drew him down to me so he could feel my brests all perfume yes and his heart was going like mad and yes I said yes I will yes.

یہاں واردات کا سارا لطف زبان کے فن کارانہ استعمال سے پیدا ہوا ہے اور بیان کے مدھم مدھم نیم روشن اسلوب نے عمل کے تشدد پر ایک دھند سی پھیلا دی ہے۔ منٹو بعض اوقات زبان کا استعمال اس طرح کرتا ہے کہ لفظ دہکتے ہوئے انگارے بن جاتے ہیں۔ اس طرح اس کے اظہار کی نوعیت بھی بظاہر سادہ ہونے کے باوجود ایک دشوار طلب فنی آہنگ رکھتی ہے۔ مگر منٹو کی میناکاری جوائس سے بہت مختلف ہے، چنانچہ اس کا رد عمل بھی نسبتاً شدید تر ہوا۔ یوں جوائس کی کتاب کو بھی ادب کی حیثیت سے قبول کرنے پر لوگ خاصی بحث و تکرار کے بعد آمادہ ہوئے تھے اور گندی کتابوں کا کاروبار کرنے والے اسے اولاً اپنے کام کا لکھنے والا سمجھ بیٹھے تھے، لیکن حجابات کی گرد چھٹنے کے بعد اسے اپنے ہی ذہنی ماحول میں ادب کے باغیانہ اور تجزیہ پسند میلانات کا سب سے بڑا ترجمان کہا گیا اور اس کی کتاب آواں گارد رویے کے اولین نقوص میں شمار کی جانے لگی۔

منٹو کے سلسلے میں بھی غلط فکریوں کا شور اب دھیما پڑ چکا ہے لیکن اسے اس کے حقیقی تناظر میں دیکھنے کی روایت ہمارے یہاں اب تک عام نہیں ہو سکی ہے۔ اس کا سبب یہی ہے کہ ادب اور فحاشی کے روابط اور امتیازات پر سنجیدگی سے غور کرنے کی کوششیں ہمارے ادبی ماحول میں بھی صرف مستثنیات کی حیثیت رکھتی ہیں۔ ستم ظریفی یہ ہے کہ

اردو بلکہ پورے مشرق کی ادبی روایت میں جنس کے عضر کو کم و بیش ایک مرکزی موضوع کے طور پر برتا گیا ہے۔

عسکری نے اس سے یہ نتیجہ نکالا تھا کہ مشرق کی فکر حقیقت کے ایک انتہائی بسیط اور بے کراں تصور سے وابستگی کے سبب حقیقت کو اعلیٰ اور اسفل کے خانوں میں اس طرح تقسیم نہیں کرتی کہ دونوں ایک دوسرے کی ضد دکھائی دیں۔ اس کے برعکس وہ زندگی کے ہر مظہر کو، اس کی سرشت خیر سے عبارت ہو یا شر سے، انسانی تجربات کی ایک ہی زنجیر کا جزو سمجھتی ہے اور اس ضمن میں کسی بھی تعصب یا تحفظ کو روا نہیں رکھتی۔ مشرق کے کلاسیکی ادب میں اس تاثر کی تصدیق کا سامان بہت وافر ہے۔ مگر امر واقعہ کے طور پر کہنا غلط نہ ہو گا کہ خواہ فکری سطح پر ہم نے اس حقیقت کو بہت کھلے دل سے قبول کر لیا ہو، ہمارا معاشرہ اس باب میں خاصا سخت گیر رہا ہے اور ایک مستقل ثنویت اس کے مزاج کا حصہ رہی ہے۔

عام لوگ جنہیں دعاؤں کی بیاض میں قوت باہ اور امساک کے نسخوں کی موجودگی پر کبھی اعتراض نہ ہوا، وہی جنسی واردات کے اظہار میں ایک طرح کی دو شیزگی کو شرافت نفس کا شناس نامہ سمجھتے رہے۔ متقدمین کو تو خیر جانے دیجئے کہ ان کی نثر اور نظم میں حجابات کا وجود نہ ہونے کے برابر ہے اور شعر و افسانے کے پردے میں وہ اچھی طرح کھل کھیلے ہیں، منٹو کے عہد تک ہمارا معاشرتی ماحول اس معاملے میں خاصے دو غلے پن کا شکار رہا ہے۔ لذت کیشی نے اس معاشرے میں ایک مذہبی قدر کا رتبہ پایا ہے اور ایک تہذیبی امتیاز کی حیثیت بھی اسے حاصل رہی ہے مگر جنسی عمل کے سلسلے میں گناہ پوشی یا جرم کی پردہ داری کا رویہ بھی یہاں خاصہ عام رہا ہے۔ اس رویے کی سماجی افادیت مسلم، پھر بھی ادب میں یا تہذیبی فکر میں اس کی بیجا مداخلتوں نے نہ صرف یہ کہ ہمارے معاشرے

کے ادبی تصورات کو ضرب لگائی ہے، سچائی کی تلاش کے بعض راستے بھی ہم پر بند کر دیے ہیں۔ ہم یہ بھول جاتے ہیں کہ ہر سنجیدہ اور بامعنی فنی تخلیق بنیادی طور پر اخلاقی ہوتی ہے، شاید اخلاق سے زیادہ بااخلاق، لیکن فن کار کا اخلاقی ادراک چونکہ رسمی اخلاقیات کو صدمہ پہنچاتا ہے، اس لئے لوگ اسے قبول کرنے سے ڈرتے ہیں۔

اور منٹو کا تو مستقل مشغلہ ہی یہ تھا۔ اس کی کہانیوں کے بعض اقتباسات یا چند "غیر محتاط" لفظوں کے استعمال کی بنیاد پر انہیں فحش کہنے والوں کو ادب کی جمالیات کا یہ بین الاصول فراموش نہ کرنا چاہئے کہ منٹو کی بیشتر کہانیاں ایک مکمل واردات کی صورت اپنے اظہار کی ہیئت کا تعین کرتی ہیں۔ پھر جہاں تک غیر محتاط اور غیر ثقہ لفظوں کے استعمال کا تعلق ہے اس ضمن میں 'فینی ہل' کے مصنف کا یہ قول بھی ایک سچائی کا اظہار ہے کہ میں شرط باندھ کر فحش ترین کتاب اس طرح لکھ سکتا ہوں جس میں ایک بھی فحش لفظ استعمال نہ کیا گیا ہو۔ اس سے قطع نظر کسی لفظ کے فحش یا غیر فحش ہونے کی بنیادیں کیا ہیں؟ معاشرتی حجابات یا اس لفظ سے پیدا ہونے والی کیفیت اور فن پارے کے مجموعی تاثر کی تشکیل میں اس کیفیت کا عمل؟ ظاہر ہے کہ اس سلسلے میں کوئی بھی ادیب ان معیاروں کو اپنارہ نما نہیں بنا سکتا جن کی اساس صرف مروجہ محاورے پر قایم ہو۔ چاسر اور شیکسپیئر نے تو یہ تک کہا تھا کہ،

To gain the language

Tis needful that the most immodest word

Be looked upon and learnt.

Henry4 (Part 2)

اب اگر اس باب میں انہوں نے معاشرے کے جبر کو قبول کر لیا ہوتا تو نتائج کس

درجہ عبرت ناک ہوتے۔ اس کا اندازہ ہم صرف اس واقعے سے لگا سکتے ہیں کہ امریکی پیوریٹزم کے زیر اثر انیسویں صدی کے نصف تک وہاں یہ حال رہا کہ خواتین کی موجودگی میں زبان پر Legs کا لفظ لانا بھی معیوب سمجھا جاتا تھا۔ ایک سیاح کی ڈائری میں تو یہ لطیفہ بھی ملتا ہے کہ اس زمانے میں کسی دعوت کے موقعے پر ایک خاتون نے مرغ کی ٹانگ طلب کی تو اپنا مافی الضمیر مرغ کے First & Second Joints کہہ کر ادا کیا۔ خیر یہ تو عام لوگوں کا حال تھا، لغات ترتیب دینے والے بھی اپنی کتاب میں فحش الفاظ کی شمولیت سے ڈرتے تھے۔ اس احتساب زدگی کے نتیجے میں ادب جنسی واردات کے بیان سے تو کسی نہ کسی حد تک محفوظ ہو گیا مگر اس کی جگہ تشدد آمیز قصوں کی مقبولیت نے لے لی۔ پھوڑے کو اگر مصنوعی طور پر دبانے کی کوشش کی جائے تو زہر سارے جسم میں پھیل سکتا ہے۔ چنانچہ موجودہ امریکی معاشرے کی صورت حال سامنے ہے۔ یہاں میں جنس اور تشدد کے باہمی رشتوں کے مسئلے میں نہیں الجھنا چاہتا کہ یہ کام ماہرین نفسیات کا ہے، لیکن ادب کے ایک عام قاری کی حیثیت سے ہم یہ جانتے ہیں کہ ادیب کا کام نہ تو جبلتوں کی پسپائی ہے، نہ کسی ایسے جذبے کے اظہار پر روک لگانا جو اس کے تجربے میں شامل ہو اور جس کی بنیاد پر وہ کسی فن پارے کی تخلیق کا دباؤ محسوس کر رہا ہو۔

پھر منٹو نے ہر کہانی میں نہ تو آپ بیتی بیان کی ہے، نہ ہی اس نے اپنی تخلیقی زندگی کا مقصد جنس یا فحاشی کے کسی تصور کی اشاعت کو قرار دیا تھا۔ وہ تو اس خوش گمانی میں بھی مبتلا نظر نہیں آتا جو اس قبیل کے بعض لکھنے والوں کے یہاں خود بخود پیدا ہو جاتی ہے، یعنی کہ اسے یہ خبط بھی نہیں رہا کہ وہ ہنری ملر کی طرح سماجی جبر سے نجات یا حواس کی آزادی کا کوئی دستور العمل ترتیب دے رہا ہے۔ اسے یہ احساس ضرور تھا کہ وہ جھوٹ بولنے کے ہنر سے ناواقف ہے۔ لیکن وہ اس جھوٹ کا کبھی بھی منکر نہ ہوا جو فنی حقیقت

نگاری کے خمیر کا لازمی حصہ ہوتا ہے۔ 'گنجے فرشتے' کے اختتامیے میں اس نے لکھا تھا کہ میرے اصلاح خانے میں کوئی شانہ نہیں، کوئی شیمپو نہیں، کوئی گھنگھر پیدا کرنے والی مشین ہیں۔ میں بناؤ سنگھار کرنا نہیں جانتا اس کتاب میں جو فرشتہ بھی آیا ہے اس کا مونڈن ہوا ہے اور یہ رسم میں نے بڑے سلیقے سے ادا کی ہے۔

دلچسپ بات یہ ہے کہ منٹو نے اس رسم ادائیگی میں آپ اپنی ذات کو بھی نظر انداز نہیں کیا ہے اور بارہ گنجے فرشتوں کے ساتھ اس میں ایک اور گنجا فرشتہ خود منٹو ہے۔ وہ نہ دوسروں سے جھوٹ بول سکتا تھا، نہ اپنے آپ سے، چنانچہ اپنی کہانیوں میں بھی اس نے جھوٹ کو صرف اس حد تک روا رکھا ہے جس کا بار یہ کہانیاں اٹھا سکیں۔

المیہ یہ ہے کہ انسان سب سے زیادہ جھوٹ کا عادی جنسی معاملات کے بیان میں ہوتا ہے۔ ہنری ملر کے ایک نقاد نے کہا تھا، ہنری ملر پر قانونی احتساب اس لئے عاید ہوا کہ اس کا احتساب کرنے والے اس کی باتوں میں یقین بھی رکھتے تھے اور یہ جانتے تھے کہ وہ سچ بول رہا ہے۔ منٹو کے ساتھ بھی معاملے کی نوعیت کم و بیش یہی رہی ہے۔ اس کے سخت ترین نقاد نے بھی اب تک یہ کہنے کی جسارت نہیں کی ہے کہ منٹو کا تخیل انسانی تجربات کی جن دنیاؤں کا سفری ہے، وہ محض واہمہ یا ایک بگڑے ہوئے ذہن کی پیداوار ہیں۔ چنانچہ ہر سچائی اس کے اظہار کی گرفت میں آنے کے بعد اپنے تاثر کی تمام جہتوں کا تحفظ کرتی ہے۔ اس کی کہانی اپنے بیان کی تفصیلات کے بجائے اپنے مجموعی تاثر بلکہ اس تاثر کے نقطہ ارتکاز کی وساطت سے قاری کے حواس پر وار دہوتی ہے، چنانچہ منٹو کو ہم اس قسم کا دلچسپ لکھنے والا نہیں کہہ سکتے جس کی مثال ہنری ملر ہے۔

ہنری ملر کے بیان میں ادبیت کا عنصر اس حد تک غالب ہے کہ کبھی کبھی اس کے تجربے کے بجائے تجربے کی میکانکی ترتیب اور اس کی لسانی ہیئت کے خم و پیچ میں الجھ

جاتا ہے، ہر چند کہ ملر بزعم خود ہمیشہ اس فریب میں مبتلا رہا کہ روایتی معنوں میں وہ ادیب نہیں ہے اور اس کا اصل کارنامہ ادب اور زندگی سے وابستہ دوسری مروجہ قدروں کے خلاف ایک فکری اور جذباتی بغاوت ہے۔ اس نے اپنی کتابوں کو خدا، مقدر، زماں، عشق، حسن اور فن، ان سب کے لئے ایک تہمت، ایک رسوائی، ایک گندی گالی اور حقارت کی ایک ٹھوکر سے تعبیر کیا تھا۔ اس طرز فکر کے شاخسانے انجام کار ملر کی اخلاقیات ہی سے جا ملتے ہیں۔

منٹو نے اپنی کہانیوں میں بیان کا جو پیرایہ اختیار کیا ہے، اسے بھی ہم ایک نوع کے اخلاقی انتخاب کا نتیجہ کہہ سکتے ہیں، خاص طور پر اس لئے بھی کہ منٹو کا کھلا ڈلا اسلوب اس کی خطرناک حد تک بے حجاب اور بے ریا شخصیت ہی کا عکس ہے۔ منٹو نے جن خطوط پر اپنی شخصیت کی پرداخت کی تھی، کم و بیش انہی کے مطابق اپنے تخلیقی اظہار کی ہیئتوں کا تعین بھی کیا۔ اس عمل میں منٹو کی اپنی ذات کے ساتھ ساتھ اس کے عہد کا بدلتا ہوا ذہنی ماحول بھی برابر کا شریک ہے۔ منٹو نے صرف اپنے ملک، اپنی قوم، اپنے دینی عقائد اور اپنے مخصوص سماجی ایقانات یا فرقہ وارانہ تحفظات کو اپنے تخلیقی شعور کا پس منظر نہیں بنایا۔ وہ زماں کے ایک تغیر پذیر اور متحرک اور موجود دائرے کی روشنی میں اپنے شعور کی تربیت کا سامان اکٹھا کرتا ہے۔ اس لئے منٹو کو صرف اس کی اپنی ادبی یا قومی یا تہذیبی روایت کی میزان پر جانچنے کے نتائج کا غلط اور ناقص ٹھہرنا فطری تھا۔

(۲)

"پاکستان کے مروجہ اخلاقی معیار قرآن پاک کی تعلیم کے حوالے سے بہت صحیح طور پر معلوم ہو سکتے ہیں۔ کہا جا سکتا ہے کہ غیر شائستگی، شہوانیت، نفس پرستی اور سوقیانہ

پن زندگی میں موجود ہے۔ اگر ادبی مذاق کے اس معیار کو تسلیم کر لیا جائے جسے صفائی کے گواہوں نے بیان کیا ہے، تو زندگی کے پہلوؤں کا حقیقت نگارانہ اظہار اچھا ادب ہو سکتا ہے، لیکن پھر بھی یہ ہمارے معاشرے کے اخلاقی معیار کی خلاف ورزی کرے گا۔"

"کہانی بعنوان 'ٹھنڈا گوشت' کو غور سے پڑھنے کے بعد مجھے اطمینان ہو گیا ہے کہ اس میں قارئین کا اخلاقی معیار بگاڑنے کا میلان موجود ہے اور یہ ہمارے ملک کے مروجہ اخلاقی معیاروں کی خلاف ورزی کرتی ہے۔ اس لئے میں ملزم سعادت حسن منٹو کو ایک فحش تحریر پیش کرنے کا ذمہ دار ٹھہراتا ہوں اور اسے زیر دفعہ ۲۹۲، پی سی تین ماہ قید بامشقت اور تین سو روپے جرمانے کی سزا دیتا ہوں۔ عدم ادائیگی جرمانہ کی صورت میں اس کو مزید اکیس یوم کی سزا بھگتنی پڑے گی۔"

اے۔ ایم۔ سعید۔

مجسٹریٹ درجہ اول، لاہور

یہ اقتباس 'ٹھنڈا گوشت' پر مقدمے کے فیصلے سے ماخوذ ہے اور اس پر ۱۶ جنوری ۱۹۵۰ کی تاریخ ثبت ہے۔ یہ تاریخ ۱۶ جنوری ۱۹۸۰ بھی ہو سکتی تھی (اور سزا میں سو کوڑوں کا اضافہ بھی ہو سکتا تھا) ادب میں فحاشی کے تصور کی طرف محض عام تہذیبی اور فکری سطح پر رویوں کی تبدیلی کافی نہیں تاوقتیکہ قانون کی دفعات پر بھی زندگی کے اسالیب اور اقدار میں زمانے کے ساتھ ساتھ رونما ہونے والی تبدیلیوں نے براہ راست اثر نہ ڈالا ہو۔ یہ بات انہونی نہیں ہے مگر صرف ان معاشروں کے لئے جن کی اجتماعی بصیرت تبدیلیوں کے عمل سے گزرنے کی صلاحیت رکھتی ہے اور انسانی تجربات کی کسی معینہ ہیئت کو ہر زمانے کے لئے یکساں اور تغیرات سے ماورا نہیں سمجھتی۔ چنانچہ دنیا کے بیشتر ممالک جن کا معاشرتی نظام ارتقا پذیر رہا ہے، فطرت کے اس عام اصول کو تسلیم

کرتے آئے ہیں کہ زندگی کی خارجی سمت ورفتار کا اثر معاشرے کی داخلی تنظیم پر بھی پڑتا ہے اور ہر زمانہ اپنے اقدار و افکار کا ڈھانچہ اپنی نفسیاتی صورت حال، اس صورت حال کے زائیدہ جبر اور اس جبر کے سائے میں نمو پذیر ہونے والی اخلاقی سرشت کے مطابق تیار کرتا ہے۔

لیکن کبھی کبھی ایسا بھی ہوتا ہے کہ زمانہ آگے بڑھ جاتا ہے مگر قوی اور ملکی قوانین کی سطح میں ارتعاش کے آثار یکسر مفقود ہوتے ہیں۔ منٹو اپنی تخلیقات کے سلسلے میں پاکستان کے موجودہ قوانین اور اخلاقی ضابطوں کی روشنی میں کن مقدرات کی آزمائش سے گزرنا پڑتا، یہ سوچ کر آج ہم کانپ کانپ جاتے ہیں۔ ایک زمانے میں والٹ وہٹمن کو اپنے عہد کے فحش ترین درندے کا لقب دیا گیا تھا۔ عرصہ ہوا منٹو کا ذکر کرتے ہوئے ایک ترقی پسند نقاد نے کہا کہ ، منٹو جیسے غلاظت نگار گوری کے روس میں بھی پیدا ہوئے تھے۔ لیکن آج، دوستوئیفسکی کی حیثیت روسی ادب کے شاید سب سے بڑے سرمایہ افتخار کی ہے اور خود ترقی پسند تنقید نے منٹو سے ہار مان لی ہے۔ کچھ عرصہ پہلے تک امریکہ کے بعض کتب خانوں میں جوائس کی کتاب A Portrait of the Artist as a young Man اس کمرے میں مقفل کرکے رکھی جاتی تھی جہاں خطرناک قسم کا مواد ڈھیر کردیا جاتا تھا کہ عام لوگوں تک اس کے جراثیم نہ پہنچ سکیں۔

کہیں کہیں اس رسم کا چلن بھی تھا کہ مشہور مصوروں کی بنائی ہوئی برہنہ عورتوں کی تصاویر میں عریانی کا تاثر پیدا کرنے والے مقامات کاغذ کی کترنوں یا کتب خانے کی مہروں سے چھپا دیے جاتے تھے (جاپانی کہ ایک مقصد پرست قوم ہیں، یہ رسم اب تک نبھائے جارہے ہیں، اس احساس سے یکسر بے نیاز کہ عریانی کو چھپانے کا یہ طریقہ اسے اور زیادہ نمایاں کردیتا ہے۔) اشتراکی ممالک میں بورژوا ممالک کے مصنفین کی ایسی کتابیں جن

سے اشتراکی تصورات یا مقاصد پر ضرب پڑتی ہے، اکثر فحش قرار دی جاتی ہیں۔

نفسیات کے ایک عالم کا قول ہے کہ سنجیدہ مقصد رکھنے والی مگر عام اخلاقیات کی ڈگر سے ہٹی ہوئی کتابوں کو فحش کہنے والے اکثر ادھیڑ عمر کے بدکار اشخاص ہوتے ہیں جن کے نزدیک فحش تحریریں جنسی جذبے کو مشتعل کرنے کے سامان سے مماثل ہوتی ہیں۔ اس نظریے کی صحت اور عدم صحت پر بحث نفسیاتِ جنسی کے ماہرین کا میدان ہے، تاہم سنجیدہ فکشن کے بارے میں یہ خیال غلط نہیں کہ اپنے اخلاقی مطالبات کی تکمیل کے لئے اس نوع کی تخلیقات میں نفی کا ایک عنصر لازمے کی حیثیت رکھتا ہے۔ اس نفی کی ضرب میں مروجہ روایات، مسلمات، اقدار، عقاید، تعصبات اور ایقانات، ان سب پر پڑتی ہیں۔

منٹو نے کہا تھا، "ادب درجہ حرارت ہے اپنے ملک کا، اپنی قوم کا۔۔۔ ادب اپنے ملک، اپنی قوم کی علالت کی خبر دیتا رہتا ہے۔ پرانی الماری کے کسی خانے میں ہاتھ بڑھا کر کوئی گرد آلود کتاب اٹھائیے، بیتے ہوئے زمانے کی نبض آپ کی انگلیوں کے نیچے دھڑکنے لگے گی۔" اسی مضمون (کسوٹی) میں اس نے یہ بھی کہا تھا کہ، "یہ زمانہ نئے دوروں اور نئی ٹیسوں کا زمانہ ہے۔ ایک نیا دور پرانے دور کا پیٹ چیر کر پیدا کیا جا رہا ہے۔ پرانا دور موت کے صدمے سے دوچار ہے۔ نیا دور زندگی کی خوشی سے چلا رہا ہے۔ دونوں کے گلے رندھے پڑے ہیں۔ دونوں کی آنکھیں نمناک ہیں۔ اس نمی میں اپنے قلم ڈبو کر لکھنے والے لکھ رہے ہیں۔"

ادب کے تعمیری تصور پر جان دینے والا (اصطلاحاً) نقاد پلٹ کر یہ پوچھ سکتا ہے کہ ادب آخر علالت ہی کی خبر کیوں دیتا ہے؟ آخر ادب کے دستر خوان پر صحت افزا نعمتوں کی بھی کمی نہیں ہے اور اپنی افادیت کے اعتبار سے یہ نعمتیں دواؤں کی مثال ہیں۔ منٹو کے نزدیک ایسی دواؤں کے استعمال کا جواز ایک طرح کا اخلاقی قبض فراہم کرتا ہے۔ پھر اسے

تو ہمیشہ اس بات پر اصرار رہا ہے کہ ادیب کا منصب دواخانے کے اہتمام و انصرام سے بالاتر ہے۔ خود کو معالج سمجھنے کا مطلب صریحاً یہ ہے کہ دوسروں کو مریض سمجھا جائے۔ منٹو اپنے معاشرے کے امراض کا شعور تو رکھتا ہے مگر اس طرح کہ آپ اپنی ذات کو بھی اس کے آلام سے الگ تصور نہیں کرتا۔ اسی کے ساتھ ساتھ وہ یہ بھی جانتا ہے کہ بہ حیثیت ادیب معاشرے کو اس کے امراض کا احساس دلا کر وہ جھنجھوڑ تو سکتا ہے لیکن علاج کے معاملے میں وہ ایک حقیقت آفریں بے بسی کا شکار بھی ہے۔ معاشرے کے نظم و نسق اور تعمیر و ترقی کی باگ ڈور جن ہاتھوں میں ہے وہ اس کے ہاتھوں سے زیادہ طاقتور ہیں۔ ایسا نہ ہوتا تو انسانی معاشرہ اپنے دکھوں کے جنجال سے کب کا آزاد ہو چکا ہوتا۔ اسے ان امراض سے نفرت ہے کیونکہ ان کی ہلاکت سے وہ عام انسانوں کی بہ نسبت بہت زیادہ واقف ہے۔

اس کا انسانی وجود کی مختلف سطحوں اور جہتوں کا شعور بھی عام انسانوں کی بہ نسبت زیادہ گہرا اور مربوط ہے۔ اسی لئے برے سے برے انسان کی طرف بھی اس کا رویہ مساوات کا ہے اور وہ اس بات پر افسردہ ہے کہ اس کے معاشرے نے دکھوں کا جو بار اٹھا رکھا ہے، اس سے خود اس کے شانے بھی دبے جا رہے ہیں۔ سو منٹو کا تخلیقی کردار اپنی ذلت کے احساس سے ابھرا ہے۔ اس نے اندھیرے کو اندھیرے کے طور پر دیکھا اور اس غلاف سے کچھ چنگاریاں ڈھونڈ نکالیں، جو وجود کو جھٹلائے بغیر روشنی کی تلاش کا پتہ دیتی ہیں۔ منٹو کے معاشرے کی اخلاقی بنیادیں ابھی اس درجہ استوار نہیں تھیں کہ ان حقیقتوں کی تاب بھی لا سکتیں جو نشاط آفریں نہیں ہیں۔ پھر اس کا قصور یہ بھی تھا کہ اس نے امید پیشگی کے دور میں اپنے ترقی پسند معاصرین کی طرح انسان کی عظمت اور امید کے راگ کیوں نہیں الاپے۔ منٹو نے صرف سچائی کی عظمت پر تکیہ کیا اور ان اذیتوں کو ایک

قدر جانا جن کے انکھوے سچائی کی شاخ سے پھوٹتے ہیں۔

'زحمت مہر درخشاں' میں منٹو نے عالمی ادب کے کئی حوالوں سے اپنے مقدمات کی تصدیق کے لئے نکات اخذ کئے ہیں۔ 'مادام بوواری' پر فحاشی کے مقدمے کا ذکر کرتے ہوئے اس نے وکیل صفائی کی بحث کا ایک اقتباس بھی نقل کیا ہے۔ اقتباس یوں ہے، "حضرات! یہ کتاب جو بقول وکیل استغاثہ شہوانی جذبات کو بھڑکاتی ہے موسیو فلابیر کے وسیع مطالعے اور غور و فکر کا نتیجہ ہے۔ اس نے اپنی توجہ متین فطرت کی وساطت سے ایسے ہی متین اور ملول مضامین کی طرح منعطف کی ہے۔ وہ ایسا آدمی نہیں ہے جس کے خلاف وکیل استغاثہ نے ہیجان خیز تصویروں کی نقاشی کے الزام میں جگہ جگہ اپنی تقریروں میں زہر اگلا ہے۔ میں پھر دہراتا ہوں کہ فلابیر کی فطرت میں بے انتہا سنگینی، شدید سنجیدگی اور بے پناہ ملال بھرا پڑا ہے۔"

منٹو نے اس اقتباس کے ساتھ یہ دعویٰ نہیں کیا کہ وہ خود فلابیر کے پائے کا ادیب ہے۔ اس کے یہاں کم تر سطح پر سہی مگر الفاظ کی وہی کفایت، جذبے کا وہی انضباط، جزئیات کے بیان میں وہی ارضیت اور نقطہ نظر کے اظہار میں وہی معروضیت ملتی ہے جس سے فلابیر کی تحریریں پہچانی جاتی ہیں۔ منٹو نے بس رویے کی مماثلت پر زور دیا ہے، ان الفاظ میں کہ 'ٹھنڈا گوشت' میں بلابیر کی فطرت کی بے انتہا سنگینی اور شدید سنجیدگی شاید نہ ہو لیکن اس سے انکار نہیں کیا جاسکتا کہ یہ بے پناہ ملال سے بھرا پڑا ہے۔ اس ملال کا اظہار ایشر سنگھ کے کردار کی بے ساختہ درد مندی سے بھی ہوتا ہے اور کہانی کے اختتام سے پھوٹ نکلنے والی کیفیت سے بھی۔ اس سے پہلے ایشر سنگھ اور کلونت کور کی باہمی چھیڑ چھاڑ اور معاملہ بندی کا جو منظر منٹو نے پیش کیا ہے وہ اپنی شوخ رنگی کے سبب تضاد کی فضا پیدا کر تا ہے، چنانچہ ملال کا تاثر کسی جذباتی مبالغے کے بغیر واقعے کی سطح سے خود بخود رونما

ہوا ہے۔

منٹو کی "فحش بیانی" کو اس کے سیاق میں دیکھا جائے تو وہ ایک نوع کی فنی ضرورت بن جاتی ہے اور اس کا مفہوم وہ کچھ نہیں رہ جاتا جس پر اس کے محتسبین یا معترضین نے اپنی اخلاقیات کے مصرعے لگائے ہیں۔ جیسا کہ اوپر عرض کیا گیا ہے، منٹو کے اسلوب میں فلابیر کی سی شائستگی اور ملائمت تو نہیں، پھر بھی اس کا رویہ کاروباری ذہنیت رکھنے والے فحش نگاروں سے یکسر مختلف ہے۔ وہ اپنی شوخ بیانی سے قاری کے سفلہ جذبات کو ہوا نہیں دیتا، نہ مبتذل رویوں کے بازار میں تعیش کے وسیلے فراہم کرنے والی لفظی تصویروں کے ڈھیر سجاتا ہے۔ غیر تربیت یافتہ قاری اگر اس سے غلط نتائج اخذ کرتا ہے تو اس کا سبب قاری کی اپنی معذوریوں سے قطع نظر یہ بھی ہے کہ اس میں قصور قاری کی فہم کا ہے۔ اس کے اسلوب کے کھردرے پن سے مترشح ہونے والا بہیمانہ تاثر بھی قاری کی غلط گمانیوں کو تقویت پہنچاتا ہے۔

منٹو کا اسلوب اس کے کرداروں کی طرح اپنے باطن کا گداز بیرونی سطح کی درشتگی کے نیچے چھپائے رکھتا ہے۔ عام پڑھنے والے کی نظر مظاہر میں الجھ کر رہ جاتی ہے، چنانچہ ان کے پردے میں مخفی حقیقت تک رسائی ممکن نہیں ہوتی۔ لارنس نے 'لیڈی چیٹرلیز لور' کا دفاع کرتے ہوئے کہا تھا کہ تمام تر جارحیت کے باوجود میں اس ناول کو ایک دیانت دار، صحت مند کتاب کہتا ہوں جو آج کے معاشرے کے لئے ضروری ہے۔ وہ الفاظ جو اول اول پڑھنے والے کو اس درجہ چونکاتے ہیں، چند لمحوں بعد اس صلاحیت سے عاری دکھائی دیتے ہیں۔ وجہ یہ ہے کہ ان لفظوں نے صرف آنکھوں کو چونکایا تھا، ذہن کو نہیں۔ شعور سے بہرہ ور اشخاص یہ جانتے ہیں کہ ان لفظوں نے انہیں چونکایا نہیں تھا۔ اس کے برعکس انہیں ایک طرح کے سکون کا احساس ہوتا ہے۔

منٹو کا اسلوب پڑھنے والے کو استعجاب اور اشتعال دونوں کا تجربہ بخشتا ہے مگر اس کے اسباب کا تعلق کہانیوں کی خارجی ہیئت سے زیادہ واقعات کی انوکھی ترتیب اور ان کے غیر متوقع اختتام سے ہے۔ پھر لارنس کے برعکس منٹو قاری کو جذبات کے تزکیے کا ہنر نہیں بتاتا بلکہ اسے ذہنی اور حسی اضطراب کی ایک دیرپا اور پریشان کیفیت سے دوچار کرتا ہے۔ یہ کیفیت ادب کے سنجیدہ قاری کے لئے ایک لمبی جاں گداز جستجو کا صلہ ہوتی ہے، عام لوگوں کے لئے صرف گھبراہٹ اور سچائی کو حلق سے نیچے نہ اتار سکنے کی کوفت کا سامان۔ عسکری نے اس قبیل کے پڑھنے والوں کے لئے ایک سوالیہ نشان مقرر کیا ہے، یہ کہ،

"اگر ہمیں جھنجھوڑ کر جگانے کے بعد منٹو نے ہمیں انسانی فطرت اور انسانی معاشرے کا کوئی تماشہ نہیں دکھایا، اگر اس نے ہمارے اندر زندگی کا کوئی نیا شعور پیدا نہیں کیا تو پھر ہم اسے گالیاں دینے میں حق بجانب ہوں گے کہ اس نے ہمیں چین سے سونے بھی نہ دیا۔ جو لوگ کسی قیمت پر جاگنا ہی نہیں چاہتے انہیں تو ان کے حال پر چھوڑیے، لیکن کیا آپ 'نیا قانون'، 'ہتک' یا 'بابو گوپی ناتھ' جیسے افسانے پڑھ کر دیانت داری کے ساتھ کہہ سکتے ہیں کہ منٹو نے ہمیں چونکا کر مفت میں ہماری نیند خراب کی۔"

یہ ایک انتہائی مشکل سوال ہے، خاص طور پر ان لوگوں کے لئے جو طبیعت کے یک سرے پن اور ہٹ دھرمی کو کردار کی استقامت سے تعبیر کرتے ہیں۔ اور ہم میں سے اکثر لوگوں کے مزاج کا طور یہی ہوتا ہے۔ حقیقت کا غلط یا صحیح جیسا بھی تصور ہم ایک بار قائم کر لیتے ہیں، اسے آسانی سے بدلنے پر آمادہ نہیں ہوتے۔ اور منٹو کا تو مشغلہ ہی یہ تھا۔ اس کے احساس کی زمین سے مس ہونے کے بعد حقیقتیں بھی تبدیل ہوتی ہیں اور ان کو دیکھنے اور سمجھنے کے زاویے بھی۔ لیکن سماجی قوانین کی پرورش جن حقیقتوں کی غذا پر

ہوتی ہے، ان کا آب و رنگ کم و بیش ہمیشہ یکساں رہتا ہے۔ یہ حقیقتیں برسہا برس کی آزمودہ ہوتی ہیں، رائج تصورات اور واہموں کی پروردہ۔ ان کا تعلق زماں کے اس منطقے سے ہوتا ہے جو ماضی ہے، یعنی کہ زندہ تجربات کی ضرب سے یکسر محفوظ اور بدلتی ہوئی سچائیوں کے عمل دخل سے یکسر بے نیاز۔ گریز پائی کی صعوبتیں صرف حال اٹھاتا ہے، چنانچہ اس کی بساط پر ہر لمحہ حقیقتیں بنتی اور بگڑتی رہتی ہیں۔ 'اوپر، نیچے اور درمیان' کے مقدمے کا فیصلہ کرنے والے مجسٹریٹ نے کہا تھا،

" قانون یہ نہیں چاہتا کہ ادب اپنے تقاضوں کو یا مقاصد کو پورانہ کرے۔ قانون یہی چاہتا ہے کہ ان مقاصد کو انسان کے لئے مفید ہونا چاہئے۔ اگر مقصد مفید نہ ہو، یعنی خالی شہوانی جذبات کو برانگیختہ کرنا مقصود تو نہ ہو، مگر موضوع اور الفاظ ایسے ہوں جن سے کمزور مریض یا ناپختہ ذہن شہوانی لذت کشی میں مبتلا ہو جائیں تو قانون اس عبارت کو غیر مفید اور فحش قرار دیتا ہے۔"

یہ لطیفہ بھی 'شعر مراہ مدرسہ کے برد' کے مصداق ہے۔ قانون کی نظر میں ادب کی عدم افادیت اور فحش نگاری مترادفات ہیں۔ اشتراکی قوانین کی نظر میں ہر وہ تحریر فحش ہے جو اشتراکی معاشرے کے نصب العین سے ہم آہنگ نہ ہو۔ کیتھولک حکومتوں نے ان کتابوں اور مصنفین کو فحش جانا جو کلیسا کے عاید کردہ اخلاقی معاییر اور ضابطوں کی خلاف ورزی کے مرتکب ہوئے ہوں۔ بودلیئر انیسویں صدی کے فرانس کے لئے فحش ہے، بیسویں صدی تک آتے آتے وہ انسانی تجربے کی بعید ترین سرحدوں کا مجبر بن گیا۔ نظریے، اخلاق اور سماجی تحفظات کی سیاست جب جمالیات کی بھول بھلیاں میں قدم رکھتی ہے تو اس سے ایسے ہی لطائف سرزد ہوتے ہیں۔ منٹو نے 'پس منظر' میں اسی رویے کو طنز کا نشانہ بنایا ہے،

"یہ جتنے ادیب اور شاعر بنے پھرتے ہیں، اب ان کو چاہئے کہ ہوش میں آئیں اور کوئی شریفانہ پیشہ اختیار کریں۔

لیڈر بن جائیں۔۔۔۔

صرف مسلم لیگ کے؟

جی ہاں!میرا مطلب یہی تھا، کسی اور لیگ کا لیڈر بننا فحش ہے۔

بے حد فحش۔۔۔۔"

یہ ادب کے معاملے میں رویے کی فحاشی کا ایک اور نمونہ ہے۔ انسانی معاشرے کی رنگا رنگی کے لئے احمقوں کا وجود ناگزیر سہی مگر یہ لطیفہ مصیبت اس وقت بن جاتا ہے جب سنجیدہ مسائل پر اظہار خیال اور فیصلے کے اختیارات کی باگ ڈور بھی ان کے ہاتھوں میں آجاتی ہے۔ یہ صحیح ہے کہ قوانین کی تشکیل عام انسانوں کے عمل اور رد عمل کی بنیادوں پر کی جاتی ہے لیکن ادب یا فنون لطیفہ سے متعلق مسائل بہر صورت عوام الناس کے مسائل نہیں ہیں۔ یہ مسائل اپنی تفہیم کے لئے چند مخصوص شرائط مقرر کرتے ہیں اور قاری سے شعور کی ایک الگ سطح کے طالب ہوتے ہیں، مگر انسانی معاشرے اور اور اس سے وابستہ قوانین کی ترتیب جن خطوط پر ہوئی ہے، ان کی تعیین میں عام انسانوں کا عمل دخل اس حد تک رہا ہے کہ انسانی حواس کے نازک ترین ارتعاشات کی دنیا بھی ان کے اختیارات سے آزاد نہیں رہ سکی ہے۔ 'یولیس' کے مقدمہ کے فیصلے میں یہ الفاظ بھی شامل تھے،

"ایک خاص کتاب ایسے (شہوانی) جذبات اور خیالات پیدا کر سکتی ہے یا نہیں، اس کا فیصلہ عدالت کی رائے میں یہ دیکھ کر ہو گا کہ اوسط درجے کی جنسی جبلتیں رکھنے والے آدمی پر اس کا کیا اثر ہوتا ہے، ایسے آدمی پر جسے فرانسیسی 'معمولی قسم کی حسیات رکھنے والا

انسان' کہتے ہیں اور جس کی حیثیت قانونی تفتیش کی اس شاخ میں ایک فرضی عامل کی ہوتی ہے جیسے خفیفہ کے مقدموں میں 'سمجھ بوجھ والے آدمی 'کی حیثیت ہوتی ہے یا رجسٹریشن کے قانون میں ایجاد کے مسئلے کے متعلق فن کے ماہر کی۔"

یعنی یہ کہ کسی مشین کے عمل کو سمجھنے کے لئے تو ہم اس شعبے کے ماہر سے رجوع کرنے پر مجبور ہوں گے مگر ادب کے معاملات میں ہر کس و ناکس کی رائے اہم ہو سکتی ہے۔ ان زمانوں میں جب ادب اور فنون لطیفہ کو ایک عام تہذیبی قدر کی حیثیت حاصل تھی اور اختصاص کے قہر سے انسانی معاشرہ محفوظ تھا، اس طرز فکر کی معقولیت کا جواز مہیا کیا جا سکتا ہے۔ منٹو نے اپنی کہانیوں کا مواد عام زندگی کے ذخیروں اور عام انسانوں کے تجربات سے حاصل کیا تھا مگر وہ کردار جن کی وساطت سے اس نے زندگی کی زہرہ گداز حقیقتوں کا سراغ لگایا، اس کے قاری نہیں تھے۔ منٹو نے آغا حشر کی طرح اپنی تحریریں تانگے والوں کو نہیں سنائیں کہ عام انسانوں کے رد عمل کا اندازہ کر کے وہ ان کی کمرشیل حیثیت کا تعین کر سکے۔ وہ تو عمر بھر اس ایقان کو سینے سے لگائے سے رہا کہ کہانیاں لکھنا اس کے لئے صرف پیشہ نہیں ایک داخلی ضرورت کا جبر ہے۔ وہ اس لئے لکھتا ہے کہ اسے کچھ کہنا ہوتا ہے۔

زندگی میں معنی کی تلاش سے پہلے ضروری ہے کہ خود اپنے رویے کے معنی متعین کئے جائیں۔ منٹو اس فرض سے کبھی غافل نہیں رہا، اسی لئے اس کا برے سے برا افسانہ بھی ہمارے لئے کچھ نہ کچھ معنی ضرور رکھتا ہے۔ فحاشی کی ایک تعریف یہ بھی ہے کہ وہ لکھنے والے اور پڑھنے والے دونوں کو خود غرض بناتی ہے۔ دونوں کے مقاصد سراسر ذاتی، سطحی اور طے شدہ ہوتے ہیں، مگر منٹو نے انانیت کا مقنعہ پہننے کے بعد بھی اپنے سماجی تعہد کو قائم رکھا۔ ایسا نہ ہوتا تو منٹو کی تحریروں کے خلاف ادیب کی سماجی، وابستگی اور ادب کے

سماجی رول پر زور دینے والے حلقوں کی جانب سے اتنے شدید ردِ عمل کا اظہار نہ ہوتا۔ منٹو نے سماجی تعہد کے معنی ہی بدل دیے، چنانچہ اپنے ترقی پسند معاصرین سے اس کے اختلافات کے باوجود خود ترقی پسند نقاد بھی منٹو پر نہ تو سماجی شعور سے عاری ہونے کی تہمت لگا سکتے ہیں، نہ اسے میرا جی کی قسم کے ادیبوں کے صف میں رکھا جا سکتا ہے۔

اس نے کہا تھا، " ہم لکھنے والے پیغمبر نہیں۔ ہم ایک ہی چیز کو، ایک ہی مسئلے کو مختلف حالات میں مختلف زاویوں سے دیکھتے ہیں اور جو کچھ ہماری سمجھ میں آتا ہے، دنیا کے سامنے پیش کر دیتے ہیں اور دنیا کو کبھی مجبور نہیں کرتے کہ وہ اسے قبول بھی کرے۔ " یہ تو منٹو کا اپنا زاویہ نظر تھا جس میں انکسار کی شائستگی بھی ہے اور ادیب کے منصب کا عرفان بھی۔ اس نے اپنی جانب سے کوئی جبر اپنے معاشرے پر یا اپنے قاری پر نہیں عاید کیا۔ لیکن دشواری یہ تھی کہ منٹو کے تخیل کی زرخیزی نے جن سچائیوں کے نشانات ڈھونڈ نکالے تھے، خود ان کی حیثیت ایک ایسے دائم و قائم جبر کی تھی جو زندگی کی ترکیب میں شامل ہے اور جس کی اذیت اٹھانے کی سکت ہر ایک میں نہ تھی۔ عام انسانوں کی طرح بیشتر سماجی قوانین بے لوچ بھی ہوتے ہیں اور ان کے محافظ اپنی معذوری کے اعتراف پر آمادہ بھی نہیں ہوتے۔ منٹو نے ان سے ایسا کوئی تقاضہ بھی نہیں کیا۔ ایسی صورت میں معقولیت کی بات تو یہی تھی کہ وہ منٹو کو بھی اپنے محاسبے اور مطالبات سے آزاد چھوڑ دیتے، یہ سوچ کر کہ دنیا کی ہر چیز ہر شخص کے لئے نہیں ہوتی۔ مگر اسے ایک عام انسان کی حیثیت سے منٹو کی خوش نصیبی سمجھا جائے یا بد بختی کہ بطور ادیب اسے نظر انداز کرنا ممکن ہی نہ تھا، سو یہ آشوب اسے بھگتنا ہی پڑا۔ منٹو کی حیثیت اسی لئے اردو فکشن کی تاریخ میں احساس اور فکر کے ایک اسلوب کی بھی ہے اور ایک ہنگامہ آفریں واقعے کی بھی۔

"اپنے افسانوں کے سلسلے میں مجھ پر چار مقدمے چل چکے ہیں، پانچواں اب چلا ہے جس کی روداد میں بیان کرنا چاہتا ہوں۔ پہلے چار افسانے جن پر مقدمہ چلا، ان کے نام حسب ذیل ہیں، 'کالی شلوار'، 'دھواں'، 'ٹھنڈا گوشت'، اور پانچواں 'اوپر نیچے اور درمیان۔' پہلے تین افسانوں میں تو میری خلاصی ہوگئی، کالی شلوار کے سلسلے میں مجھے دلی سے دو تین بار لاہور آنا پڑا۔ 'دھواں' نے مجھے بہت تنگ کیا، اس لئے کہ مجھے ممبئی سے لاہور آنا پڑتا تھا، لیکن 'ٹھنڈا گوشت' کا مقدمہ سب سے بازی لے گیا۔ اس نے میرا بھر کس نکال دیا۔ یہ مقدمہ گو یہاں پاکستان میں ہوا، مگر عدالتوں کے چکر کچھ ایسے تھے جو مجھ ایسا حساس آدمی برداشت نہیں کر سکتا کہ عدالت ایک ایسی جگہ ہے جہاں ہر تو ہین برداشت کرنا ہی پڑتی تھی۔ خدا کرے، کسی کو، جس کا نام 'عدالت' ہے، سے واسطہ نہ پڑے۔ ایسی عجب جگہ میں نے کہیں بھی نہیں دیکھی۔ پولس والوں سے مجھے نفرت ہے۔ ان لوگوں نے میرے ساتھ ہمیشہ ایسا سلوک کیا ہے جو گھٹیا قسم کے اخلاقی ملزموں سے کیا جاتا ہے۔"

احتساب اور سنسر شپ کے حدود پر اظہار خیال کرتے ہوئے مغرب کی ایک عدالت عالیہ کے جسٹس برنان (جنہوں نے اس زمانے کے معروف Roth case کا فیصلہ کیا اور جس کے بعد بیشتر مغربی ممالک کے سنسر شپ کے نظام میں زبردست تبدیلیاں رونما ہوئیں) نے کہا تھا کہ کسی مصنف پر فحاشی کا جرم عائد کرنے سے پہلے کم از کم تین باتوں کی تصدیق ہونی چاہئے۔ ایک تو یہ کہ متعلقہ تحریر کا بنیادی تاثر مجموعی طور پر جنسی واردات میں ایک ابتذال آمیز دلچسپی کی ترغیب دیتا ہے، دوسرے یہ کہ اس تحریر کا مقصد معاصر معاشرتی رویوں اور ضابطوں کو جان بوجھ کر مجروح کرنا ہے، اور تیسرے یہ کہ مصنف نے اپنی تحریر میں جو مواد پیش کیا ہے اس کی سماجی قدر کچھ بھی نہیں ہے۔

اس طرز فکر سے اندازہ ہوتا ہے کہ ہمارے زمانے تک آتے آتے ادب میں فحاشی کے تصور کی وسعت کا احساس صرف ادب لکھنے والوں یا ادب سے پیشہ ورانہ تعلق رکھنے والوں تک محدود نہیں رہ گیا تھا۔ اس کے سماجی، تہذیبی، نفسیاتی اور تاریخی عوامل کا قصہ بہت طولانی ہے، بہر حال، مجملاً یہاں اس امر کی طرف اشارہ ضروری ہے کہ ادب کی تفہیم اور تخلیق دونوں کی بابت ہمارے عہد کے عام نقطہ نظر میں بہت دھندلی اور خاموش سہی، مگر کچھ نہ کچھ تبدیلی ضرور ہوئی ہے۔ اس کا سبب یہ ہے کہ اب ادب کی دنیا بھی اختصاص کے دائرے میں سمٹتی جا رہی ہے۔ دوسرے یہ کہ ہمارے معاشرے میں اب ادیب پہلی جیسی خطرناک حیثیت رکھنے والا شہری نہیں رہ گیا ہے۔ سماج کے نظم و نسق اور اس کی تربیت اور تعمیر کے حقوق اب جس نوع کے افراد کے نام کم و بیش محفوظ ہو چکے ہیں، وہ ادیب کو سماجی سطح پر اپنا حریف نہیں سمجھتے۔

اب 'فینی ہل' جیسی کتابیں کھلے بندوں چھپتی اور بکتی ہیں اور فرینک ہیرس، یا ہنری ملر جیسے لکھنے والوں کو معاشرتی ادارے خوف اور نفرت اور حقارت کی نظر سے نہیں دیکھتے۔ عام لوگوں کی نظر میں ادیب ایک بے ضرر مخلوق ہے اور بس۔ اسی لئے عوامی سطح پر اب کسی ادبی تخلیق کے سلسلے میں رد عمل کا اظہار یا تو ہوتا ہی نہیں اور اگر ہوتا بھی ہے تو اس کے نتائج دور رس نہیں ہوتے۔ مغرب کے بیشتر ملکوں میں روشن خیالی کی اس روایت کا سلسلہ عرصہ پہلے شروع ہو چکا تھا۔ البتہ اشتراکی معاشرے یا ایسے ممالک جہاں شخصی اقتدار کی رسم اب تک چلی آ رہی ہے، اس قسم کی روشن خیالی کو اب بھی قبول کرنے پر آمادہ نظر نہیں آتے، سبب بہت واضح ہے۔ اقتدار چاہے شخصی ہو یا اس کی باگ ڈور کسی مخصوص نظریے یا سیاسی تصور اور مذہبی عقیدے کے مبلغوں کے ہاتھ میں ہو، ہر اس سچائی کو شک اور خوف کی نگاہ سے دیکھتا ہے جس سے اس کی اپنی بنیادوں پر ضرب پڑتی

ہے، یا اگر براہ راست ضرب نہیں بھی پڑتی تو کم از کم جس سے اصحاب اقتدار کے اپنے قومی، فرقہ وارانہ، سیاسی اور سماجی تعصبات کی تصدیق نہ ہوتی ہو۔

ایسے معاشروں کی اخلاقی بساط اتنی محدود اور شعور کی بنیادیں اس درجہ کمزور ہوتی ہیں کہ اختلاف کی معمولی سی لہر بھی انہیں اپنے لئے ایک خطرہ دکھائی دیتی ہے۔ اس صورت حال کے تماشے شخصی یا نظریاتی اقتدار کے ماتحت معاشروں میں آئے دن دکھائی دیتے ہیں۔ ایسے معاشروں میں سنسرشپ کے اصول و ضوابط کی تعیین جتنے ناقص اور کمزور مفروضات کی بنیاد پر ہوتی ہے، ان کا تصور بھی مہذب دنیا کے لئے عبرت کا خاصا سامان فراہم کرتا ہے۔ منٹو پر قانون کی جس دفعہ کے تحت مقدمے چلائے گئے اس کی تفصیلات خود منٹو نے "زحمت مہر درخشاں" میں بیان کی ہیں،

"فحاشی کی جانچ کا معیار وہاں یہ مقرر کیا گیا ہے کہ آیا فحاشی کے تحت الزام زدہ مضمون میں ان لوگوں کے اخلاق بگاڑنے اور ان کو بری ترغیب دینے کا میلان ہے، جن کے ذہن ایسے غیر اخلاقی اثرات قبول کرنے کے لئے تیار ہیں، اور جن کے ہاتھوں میں اس قسم کی، اخلاق کے لئے ضرر رساں تصنیف ہے، اندازہ کیا جائے، ان کے ذہن میں بد چلنی اور بدکاری کا اثر پیدا کرے گی؛ (اگر ایسا ہے) تو یہ ایک فحش اشاعت ہوگی۔ قانون کا منشا ہے کہ اس (کی فروخت) کو روکا جائے۔ اگر کوئی تحریر حقیقتاً کسی ایک بھی جنس کے نوجوان یا زیادہ عمر کے لوگوں کے اذہان کو انتہائی گندے اور شہوت پرستانہ قسم کے خیالات سجھائے تو اس کی اشاعت خلاف قانون ہے، خواہ ملزم کے پیش نظر کوئی درپردہ مقصد ہی کیوں نہ ہو، جو معصوم حتی کہ قابل تعریف ہو۔ کوئی چیز جو شہوانی جذبات کو مشتعل کرے فحش ہے۔"

یعنی یہ کہ اس معاملے میں قانون نے اگر مگر کی گنجائش بھی نہیں چھوڑی۔ ایسا

محسوس ہوتا ہے کہ یہ قانون نہیں بلکہ دورِ وحشت کے کسی قبائلی سردار کا فرمان نامہ ہے۔ ہو سکتا ہے کہ منٹو کو آج بھی اپنے مخصوص سماجی ماحول میں اسی سطح کے تجربے سے دوچار ہونا پڑتا، لیکن یہ طے ہے کہ معاشرے کی جانب سے اس نوع کے قوانین کو آج پہلی جیسی چھوٹ نہیں مل سکتی۔ سیاسی نظریے یا شخصی اقتدار کے تابع ممالک میں سنسر شپ کے نظام کے صدمات صرف ایسے ادیب نہیں سہتے جو حال کی فضا میں سانسیں لے رہے ہوتے ہیں، اس کا شکار ماضی کا وہ ادبی سرمایہ بھی ہوتا ہے جس میں موجودہ صورتِ حال سے تصادم یا اس کی نفی کے نشانات کا سراغ ملتا ہے۔ ایسے ممالک جو شخصی یا کسی سکہ بند سیاسی نظام کے تابع نہیں ہیں، وہاں بھی ادب کے احتساب کی بنیادیں مضحک اور نامعقول ہیں، گرچہ ایک بدلی ہوئی سطح پر۔ دلچسپ بات یہ ہے کہ سنسر شپ نے قانون کی حیثیت اس عہد میں اختیار کی جسے اہلِ مغرب تعقل کے عہد کا نام دیتے ہیں۔

فحاشی کی بنیاد پر ادب کی باقاعدہ سنسر شپ کا آغاز انگلستان، امریکہ دونوں ملکوں میں ۱۸۶۸ میں ہوا اور فحاشی کی پہچان یہ قائم کی گئی کہ وہ ادب پارہ جو ناپختہ (نابالغ) ذہنوں پر غیر اخلاقی اثرات مرتب کرے، فحش اور قابلِ گرفت ہے۔ بیسویں صدی تک آتے آتے اس معیار نے اتنی ترقی کر لی کہ اب نابالغ ذہنوں کی جگہ عام سوجھ بوجھ رکھنے والے افراد کو دے دی گئی۔ اس میں بھی کوئی مضائقہ نہیں تھا، اگر کسی ادب پارے کی بابت عام سوجھ بوجھ رکھنے والے کار دِ عمل جاننے سے پہلے انہیں ادب کی حدود اور اس کی تخلیق کے عمل سے متعلق چند بنیادی نکات سے باخبر کر دیا جاتا۔ بقول منٹو، جس طرح ادب اور غیر ادب کے درمیان کسی کھلے ہوئے علاقے کا وجود نہیں ہے، اسی طرح ادب کو سمجھنے والوں اور نہ سمجھنے والوں کے حلقے بھی متعین ہیں۔

منٹو کا سابقہ اپنی کہانیوں کے احتساب کے سلسلے میں افراد کی جس نوع سے پڑا، وہ

سب کے سب اسی دوسرے حلقے سے تعلق رکھتے تھے۔ ایسا نہ ہوتا تو اپنے مقدمات کے بارے میں منٹو کی وضاحتیں اس درجہ عام فہم بلکہ سطحی نہ ہوتیں۔ جس طرح سکہ بند سماجی اور سیاسی نظریات کے تابع ممالک میں سنسر شپ کے قوانین کے بنیادی لاحقے سیاسی ہوتے ہیں، اسی طرح منٹو کو جن افراد اور ضابطوں سے نپٹنا پڑا ان کے "ادبی تصور" کی اساس یا تو اخلاق کے روایتی تصور پر قائم تھی یا پھر مذہب پر۔ مذہب تو خیر ایک ادارہ ہے ہی، اخلاقی تصورات بھی باقاعدہ روایت بننے کے بعد ایک ادارے ہی کی حیثیت اختیار کر لیتے ہیں، چنانچہ اس میں تعصبات کا در آنا فطری ہے۔ اس کی مضحک ترین مثال حضرت عیسیٰؑ سے بانوے برس پہلے کا ایک کتبہ ہے جس میں خطابت کے رائج تصور کے بر خلاف ایک نئے تصور کے قیام پر احتساب عاید کئے جانے کا تذکرہ ہے۔ افراد اور ایقانات جب ادارے بن جاتے ہیں تو ان سے کسی بامعنی اختلاف کے دروازے خود بہ خود بند ہو جاتے ہیں۔ منٹو کی ساری مشکل یہی تھی۔

منٹو کو ہم صرف ان معنوں میں فحش نگار کہہ سکتے ہیں جن کی گنجائش اصطلاحات علمیہ کے ماہرین نے لفظ Pornography کے اختراع میں نکالی ہے۔ ان کا بیان ہے کہ Pornography کا مصدر یونانی زبان کے لفظ porne بمعنی طوائف ہے۔ چنانچہ طوائفوں کے بارے میں کچھ لکھنا فحاشی ہے۔ منٹو نے طوائفوں کے بارے میں لکھا ہی نہیں، انہیں اپنی زندگی کو ایک تخلیقی سمت عطا کرنے والے کرداروں کی حیثیت سے بھی دیکھا ہے،

"ہم رجائی ہیں۔ دنیا کی سیاہیوں میں بھی ہم اجالے کی لکیر دیکھ لیتے ہیں۔ ہم کسی کو حقارت کی نظر سے نہیں دیکھتے، چکلوں میں جب کوئی ٹھکیائی اپنے کوٹھے پر سے کسی راہ گیر پر پان کی پیک تھوکتی ہے، تو ہم دوسرے تماشائیوں کی طرح نہ تو کبھی اس راہ گیر پر

ہنستے ہیں اور نہ کبھی اس ٹھکیائی کو گالیاں دیتے ہیں۔ ہم یہ واقعہ دیکھ کر رک جائیں گے۔ ہماری نگاہیں اس غلیظ پیشہ ور عورت کے نیم عریاں لباس کو چیرتی ہوئی اس کے سیاہ عصیاں بھرے جسم کے اندر داخل ہو کر اس کے دل تک پہنچ جائیں گی، اس کو ٹٹولیں گی اور ٹٹولتے ہوئے ہم خود کچھ عرصے کے لئے تصور میں وہی گریہ اور متعفن رنڈی بن جائیں گے ، صرف اس لئے کہ ہم اس واقعے کی تصویر ہی نہیں بلکہ اس کے اصل محرک کی وجہ بھی پیش کر سکیں۔

ہم و کیلوں کے متعلق کھلے بندوں باتیں کر سکتے ہیں۔ ہم نائیوں، دھوبیوں، کنجڑوں اور بھٹیاروں کے متعلق بات چیت کرتے ہیں۔ ہم چوروں، اچکوں، ٹھگوں اور راہزنوں کے قصے سناسکتے ہیں۔ ہم جنوں اور پریوں کی داستانیں بیٹھ کے گڑھ سکتے ہیں۔ ہم یہ کہہ سکتے ہیں کہ جب آسمان کی طرف شیطان بڑھنے لگتا ہے تو فرشتے تارے توڑ توڑ کر اسے مارتے ہیں۔ ہم یہ کہہ سکتے ہیں کہ بیل اپنے سینگوں پر ساری دنیا اٹھائے ہوئے ہے۔ ہم داستان امیر حمزہ اور قصہ طوطا مینا تصنیف کر سکتے ہیں۔ ہم لندھور پہلوان کے گرز کی تعریف کر سکتے ہیں۔ ہم عمرو عیار کی ٹوپی اور زنبیل کی باتیں کر سکتے ہیں۔ ہم ان طوطوں اور میناؤں کے قصے سناسکتے ہیں جو ہر زبان میں باتیں کرتے تھے۔ ہم جادو گروں کے منتروں اور ان کے توڑ کی باتیں کر سکتے ہیں۔

ہم عمل ہم زاد اور کیمیا گری کے متعلق، جو من میں آئے کہہ سکتے ہیں۔ ہم داڑھیوں، پائجاموں اور سر کے بالوں کی لمبائی پر جھگڑ سکتے ہیں۔ ہم یہ سوچ سکتے ہیں کہ سبز رنگ کے کپڑے پر کس رنگ اور کس قسم کے بٹن سجیں گے ۔۔۔۔ ہم ویشیا کے متعلق کیوں نہیں سوچ سکتے۔ اس کے پیشے کے بارے میں کیوں غور نہیں کرسکتے۔ ان لوگوں کے متعلق کیوں کچھ نہیں کہہ سکتے جو اس کے پاس جاتے ہیں؟"

اور اب منٹو کے ایک سوانح نگار کی کتاب سے یہ چند سطریں،

"سامنے لالٹین کی روشنی میں، ایک عورت ننگے فرش پر بیٹھی روٹی کھا رہی تھی۔ ہمیں دیکھ کر وہ اٹھ کھڑی ہوئی۔ اس کی عمر بمشکل اٹھارہ سے انیس برس کی ہو گی، لیکن وہ فاقہ زدہ معلوم ہوتی تھی۔ اس کا رنگ گہرا سانولا تھا۔ اس کی آنکھیں اس بچے کی طرح ڈری ہوئی تھیں جیسے کوئی بری بات کرتے ہوئے کسی نے سر سے پکڑ لیا ہو۔"

"ارے بھئی، کوئی مال وال بھی ہے کہ نہیں؟" عباس نے ٹھیٹ تماش بینوں کے انداز میں پوچھا۔

"اس وقت تو میں ہی ہوں۔۔۔" اس عورت نے لقمہ نگلتے ہوئے پوربی لہجے میں جواب دیا۔ اس نے لالٹین فرش سے اٹھائی اور اسے اپنے چہرے کے برابر لے آئی جیسے اپنا مال دکھانا چاہتی ہے۔

"اچھا تو پھر کبھی آئیں گے!" عباس نے کہا۔ گاہک کو سودا پسند نہیں آیا تھا اور وہ کوئی دوسری دوکان دیکھنے کا ارادہ کر چکا تھا۔ لڑکی کا چہرہ دفعتاً اور سیاہ ہو گیا۔ مجھے یوں محسوس ہوا جیسے ہر یکمین لالٹین دھواں چھوڑتی ہوئی یکایک بھک سے بجھ گئی ہے اور اس عورت کے چہرے پر، جو اس کی روشنی میں اپنا سودا بیچنا چاہتی تھی کالک اور لیپ کر گئی ہے۔ سیڑھیاں اترتے وقت مجھے یوں محسوس ہوا جیسے باہر سڑک کے، فتح پوری کے، چاندنی چوک کے، ساری دلی کے دیے گل ہو گئے ہیں۔ ہندوؤں، پٹھانوں، تغلقوں، لودھیوں، خلجیوں، غلاموں، مغلوں اور انگریزوں کی دلی پر کسی بہت بڑے ہوائی حملے کی تیاریاں ہو رہی ہیں، جس سے بچنے کے لئے ہم کسی اندھے کنویں میں اترتے جا رہے ہیں۔

"منٹو خاموش تھا۔ شاید اسے محسوس ہو رہا تھا کہ اس کی سوگندھی میں اب جلنے کی ہمت بھی نہیں رہی۔ ہتک کا احساس بھی جاتا رہا۔ سیٹھ 'او نہہ!' کر کے نکل گیا ہے۔"

(ابوسعید قریشی)

ان اقتباسات سے یہ حقیقت سامنے آتی ہے کہ طوائف کو موضوع بنانا بھی منٹو کے لئے دراصل ایک اخلاقی انتخاب کا ہی جبر تھا۔ فحش نگاری کے عمل پر اس سے بڑا طنز اور کیا ہو سکتا ہے؟ یہ سوال منٹو کے معترضین کے لئے ہے۔ لیزلی فیڈلر نے چھپ چھپاتے بکنے والی کتابوں کا ذکر کرتے ہوئے یہ اعلان کیا تھا کہ اب فحاشی کی موت ہو چکی ہے اور ہم ادبی فحاشی کو ایک سنجیدہ عمل کی شکل میں قبول کرنے کے عادی ہوتے جا رہے ہیں۔ اردو افسانے کی زمین پر یہ بیج منٹو نے بکھیرے تھے، فصل اب تیار ہوئی ہے۔ مگر منٹو! وہ فحش نگار کب تھا؟

***

فحش اخلاقیات اور قوموں کا زوال

اوریا مقبول جان

دنیا بھر کے فحش ادب پر نظر ڈالیں، اس کے درجات کا غور سے جائزہ لیں، آپ کو سراسر فحش ترین، فحش تر اور فحش ادب ہر زبان میں مل جائے گا۔ ادب کی دنیا میں کوئی بھی معاشرہ، زبان یا ثقافت ہو، تحریر جو خالصتاً فحش مقاصد کے تحت لکھی گئی آج تک ادب میں جگہ نہ بنا سکی۔ البتہ کہانی کے اسلوب، نظم غزل یا شاعری کی ضرورت کے تحت اگر فحش نگاری ہوئی تو ایسے ادیب اور شاعر کا اس کی ادبی سطح اور صلاحیت کے مطابق مقام متعین کیا گیا۔ اس مقام کو متعین کرنے میں ایک بات کا ہر جگہ خیال رکھا گیا کہ اس ادیب نے معاشرتی ذمے داری کو نبھاتے ہوئے کس طرح بات خوبصورت استعاروں اور تشبیہوں میں لپیٹ کر بیان کی تا کہ بات بھی لوگوں تک پہنچ جائے اور اس کی تحریر عامیانہ اور بازاری بھی نہ کہلائے۔

اس کے باوجود ایسا ادب لکھنے والے لوگ باقی صدیوں تک تمام ادیبوں اور شاعروں سے علیحدہ ہی تصور ہوتے رہے۔ ان کا سب سے بڑا دفاع اپنے حق میں یہ ہوتا تھا کہ ہم معاشرے میں موجود غلاظت اور گندگی کو پیش کرتے ہیں۔ اگر معاشرہ ہی اتنا غلیظ اور کریہہ ہے تو اس میں ہمارا کیا قصور۔ جب ان کے ناقدان پر یہ الزام لگاتے تھے کہ یہ کافی محنت اور کوشش و جستجو کے بعد معاشرے میں سے غلاظت ڈھونڈتے ہیں، اس میں

افسانوی رنگ بھرتے ہیں اور پھر اپنے اندر چھپی جنسی خواہش کی بھی تسکین کرتے ہیں اور پڑھنے والے کے جذبات کو بھی جنسی آتش میں سلگتی ہوئی بھٹی میں جھونک دیتے ہیں۔

حیرت کی بات یہ ہے کہ دنیا میں کسی فحش ادب کی ابتدائی تاریخ اٹھالیں آپ کو یہ جسم بیچنے والی بازاری عورتوں اور طوائفوں کے گرد گھومتا ہوا نظر آئے گا۔ موپساں کے جنسی تجربات وہیں سے شروع ہوتے ہیں اور پھر دائرہ وسیع ہو جاتا ہے۔ مادام باواری کے کردار سے لے کر لیڈی چیٹرلیز کے اعلٰی خاندانی پس منظر تک کا سفر معاشرے میں موجود ایک مختصر سی تعداد یعنی بازاری عورتوں کی دنیا سے شروع ہوتا ہے۔ سعادت حسن منٹو کے وہ سب افسانے جن پر کبھی فحش نگاری کے الزام لگے ان میں طوائف یوں جلوہ گر ہے جیسے برصغیر میں یہی ایک عورت رہتی ہے اور اسی کو پیش کرنا عین حقیقت نگاری ہے۔

دنیا میں جہاں کہیں بھی فحش نگاری پر مقدمے چلے تو لوگ اپنے دفاع میں گزشتہ صدیوں میں لکھی گئی کتابوں میں موجود فحاشی کو لے کر سامنے آگئے۔ کوئی خانہ کعبہ میں اسلام سے پہلے لٹکائے گئے سات معلقات کو لے آیا تو کسی نے مولانا روم کی مثنوی کا دفتر پنجم کھول کر رکھ دیا۔ کوئی حافظ اور سعدی کے شعر پیش کرتا رہا تو کسی نے ہیر وارث شاہ سے رانجھے اور ہیر کی ملاقات کا قصہ اور میاں محمد بخش کی سیف الملوک سے پری بدیع الجمال کے سراپے کا نقشہ گنگنایا۔ مغرب میں تو بائبل کے پرانے عہد نامے میں آسے پیغمبروں کے حالات میں موجود جنسی منظر کشی کو حوالے کے طور پر پیش کیا۔ ہندو مذہب کے ماننے والے کام شاستر اٹھا لائے اور کھجراہو مندر میں مورتیوں کی صورت موجود جنسی آسنوں کی تصویریں سند کے طور پر پیش کر دیں۔

سب کے سب اپنی فحش نگاری پر اپنے آبائو اجداد اور پہلی نسلوں کی تحریروں کے حوالے پیش کرتے رہے۔ اور یہ دلیل دیتے رہے کہ اگر وہ یہ سب کر سکتے تھے تو ہم پر کیوں پابندی ہے۔ کوئی اس بحث کی طرف نہ گیا کہ جن معاشروں میں ایسی فحش نگاری عروج پر پہنچی اور پورا معاشرہ اس میں ڈوبا تو پھر ان کے زوال کو کتنا عرصہ لگا۔ تہذیبوں کے دو بڑے ماخذ یونان اور روم کے زوال کی داستانیں اٹھالیں عبرت کے لیے کافی ہیں۔ یونان کی تہذیب میں جب Aphrodite کی پرستش شروع ہوئی، زنا اور فحش نگاری کو ایک معاشرتی رویہ بنایا گیا، طوائفوں کو معاشرتی مرتبہ میسر ہوا تو پھر اس کے بعد تاریخ نے یونان کا نام عروج کے مقام سے کھرچ کر پھینک دیا۔

یہی حال دو سو سال قبل مسیح کے روم کا تھا جب وہاں فحش نگاری، زنا، اخلاق باختگی کا طوفان اٹھا۔ برہنہ عورتوں کی دوڑ فلورا سے لے کر سیسرو کی فحش نگاری کی وکالت تک اور رومن کھیلوں میں سرِعام عورتوں کی غنڈوں کے ہاتھوں آبروریزی تک سب کچھ ہونے لگا۔ یہ وہ ماحول تھا جب اس عظیم سلطنت کا وہ زوال آیا کہ افریقہ کے بربر ان پر چڑھ دوڑے اور اسے نیست و نابود کر دیا۔ ایران میں جب مزدکیت نے فحش اخلاقیات کو عام کیا تو حالت یہاں تک آ گئی کہ مزدک نے بھرے دربار میں شہنشاہ سے کہا، یہ تیری ملکہ بھی تیری نہیں بلکہ اس سے ہر شہری استفادہ کر سکتا ہے، تو پھر اس کے کچھ عرصے بعد ہی ایران کی ہزاروں سال بادشاہت عرب کے بادیہ نشینوں کے ہاتھ زمین بوس ہو گئی۔

فحاشی کے ہاتھوں ذلیل ہونے والی ایک اور تہذیب بابل کی ہے جہاں جسم فروشی کو مذہبی تقدس دیا گیا اور معاشرے کو فحاشی کے چلن پر آگے بڑھایا گیا تو یہ تہذیب یوں صفحہ ہستی سے مٹی کہ آج صرف اس کے کھنڈرات باقی ہیں۔ ہندوستان میں بھی جب وید کی تعلیمات اور بدھ کے افکار کے بعد مذہب میں جنسی اخلاقیات کو اہمیت ملی اور معاشرہ

جنسی آسنوں اور کام شاستروں میں گم ہوا تو وسط ایشیا کے ہن اس پر چڑھ دوڑے اور پھر دو ہزار سال تک یہ ہر فاتح کے لیے ایک نرم چارے کے سوا کچھ نہ تھا۔

اس کے باوجود فحش نگاری کے وکیل یہ دلیل دیتے رہے ہیں کہ ہم کوئی نئے نہیں ہیں۔ یہ تو ہماری صدیوں سے روایت کا حصہ ہے۔ یہ سب دلیلیں آج سے پچاس سال قبل کی دنیا کی تھیں۔ لیکن آج تو شاید دنیا اس دلیل کے عالم سے نکل چکی ہے۔ ۱۹۶۹ء میں جب پہلی فحش فلم آئی تو پورے مغرب میں طوفان اٹھ کھڑا ہوا لیکن آج سوا رب ڈالر سے زیادہ کی سرمایہ کاری اسی صنعت میں ہے۔ اخلاقیات کے زوال کی اس کہانی کے کتنے دکھ ہیں۔ اس پر کتابوں کی کتابیں لکھی جا سکتی ہیں اور ہر گھر جس عذاب میں مبتلا ہے اس کے لیے کسی موپساں اور سعادت حسن منٹو کو طوائف کے کوٹھے پر جانے کی ضرورت نہیں۔ سب یا تو اپنے عیب چھپائے زندگی گزارتے ہیں یا پھر ڈھٹائی اور بے شرمی سے اس کا اقرار کرتے ہیں۔

میرے ملک میں یہ بحث اور دلیلیں ادب اور تحریر تک تھیں، لیکن اب ایک اور بحث کا دروازہ کھل چکا ہے۔ الیکٹرانک میڈیا، یہاں کیا فحش ہے اور کیا نہیں ہے۔ دلیلیں پرانی ہیں، ہم تو وہی دکھائیں گے جو معاشرے میں ہے، یہ صدیوں سے ہوتا آیا ہے، لیکن ایک فرق ہے، ایک تمیز ہے جو آپ کو کرنا ہو گی، کتاب کے بارے میں آپ کو یہ حق حاصل تھا کہ کونسی خرید کر گھر لائیں اور کونسی نہیں، اگر لائیں تو اسے کسی طرح چھپا کر رکھیں، فلم بھی سینما گھر میں لگتی تھی۔ آپ کو آزادی حاصل تھی کس قسم کی فلم دیکھیں اور کس قسم کی نہ دیکھیں۔ یہی وجہ ہے کہ جب ایسی فلمیں بننا شروع ہوئیں جو گھر میں بیٹھ کر دیکھنے کے قابل نہ تھیں تو اس ملک کے سینما گھر اجڑ گئے۔

لیکن ٹیلی ویژن آپ کے لاؤنج، بیڈ روم یا ڈرائنگ روم میں ایک جیتے جاگتے کردار

کی طرح آچکا ہے۔ آپ سو جاتے ہیں، یہ جاگتا ہے۔ آپ اسے چھپا کر، تالے میں بند کرکے نہیں رکھ سکتے۔ یہ ایک زندہ جاگتا کردار ہے۔ اس میں وہی کچھ چلا یا جاسکتا ہے جو باقی گھر کے کرداروں کے اخلاق کے مطابق ہو۔ ویسے ہی کپڑے جو سارے گھر میں موجود لوگوں نے پہنے ہوں۔ ویسی ہی شرم و حیا جو باپ ماں، بیٹا اور بیٹی کی موجودگی میں گھر میں نظر آتی ہے۔ اس لیے کہ اگر چار کردار گھر کے وہ ہیں تو پانچواں ٹیلی ویژن ہے۔

اگر بیٹی اپنی خوبصورت ٹانگیں اور کمر کے پیچ و خم لاؤنج میں سب کے سامنے چھپا کر رکھتی ہے تو اسکرین بھی اس سے مختلف نہیں ہو سکتی۔ ورنہ پھر تاریخ دو انجام بتاتی ہے۔ ایک یہ کہ پورا معاشرہ اس رنگ میں ڈھل جاتا ہے اور اپنے زوال پر مہر تصدیق ثبت کرتا ہے یا پھر لٹھ مار مذہبی لوگ عروج پکڑتے ہیں جیسے انگلینڈ کی ملکہ الزبتھ دوم کے زمانے میں اور روم میں عیسائیت کے عروج سے ہوا۔ یہ لوگ ان چار ماں بہن بھائی اور باپ کی اخلاقیات کے مطابق سب سیدھا کر دیتے ہیں۔

٭ ٭ ٭

ادب میں فحاشی ...!
وسیم عقیل شاہ

'فحاشی' ادب میں ایسا موضوع ہے جو تجربات کی ضرب کاری سے پختگی کے اخیر پڑاؤ پر ہے۔ اس کے برتنے والوں میں اگر بڑے بڑے نام نہ بھی ہوں تو قارئین کی تسکین نے ہر عہد میں ادب کی اس غیر سنجیدگی کو جنم دیا ہے ۔ جسے بڑی آئیڈیالوجی بھی سمجھا گیا ۔

فحاشی کیا ہے؟ اسے متعدد بار مختلف پیرائے میں بدل بدل کر ہمارے سامنے لایا گیا ہے۔ میں اعادہ نہ کرتے ہوئے صرف اتنا ہی کہوں گا کہ 'وہ تخلیق جو فحاشی کی پرت سے اس کی تہہ دار مقصدیت کو فوت کر دے اور جس کی قرت کرتے وقت قاری اپنے قریب کسی کی آمد سے بے چینی سی محسوس کریں' یا ایک ادیب کے خیال میں اور بھی آسان جملوں کے ساتھ کہ "ہر وہ تحریر، تصویر یا موضوع جسے ہم اپنے گھر والوں میں بیٹھ کر پڑھ نہ سکیں دیکھ نہ سکیں یا اس پر گفتگو نہ کر سکیں وہ فحش ہے..." خیر یہ وسیع نکتہ ہے اور دقیق مطالعہ طلب بھی ۔ اس کے کچھ دیگر پہلوؤں پر توجہ کرتا ہوں ۔

ادب انسانی تعمیرات کا اہم وسیلہ ہے۔ اگر اسے صرف فحاشی کے حوالوں سے خلق کیا جائے تو ایک خیال میں یہ ادب ضرور ہے لیکن سنجیدہ نہیں ۔ ادب کا

معیار اس کی سنجیدگی ہی سے قائم و دائم ہے ۔ اس بات سے انکار نہیں کہ ادب میں فحاشی بھی ایک اہم شئے ہے جسے بڑی سلیقہ مندی سے ہمارے ادیبوں نے برتا ہے نیز بعض نے افسانوی ادب کی توسط سے اسے سنجیدہ بھی ثابت کر دکھایا ہے۔ مگر کچھ ہی اس کے پس منظر کو درشانے میں کامیاب رہے ، بقیہ قاری کی محدود سوچ کے شکار ہوگئے ۔ مختصر یہ کہ قاری نے اس نوع کے فن پاروں سے صرف لذت ہی حاصل کی ہے ۔

لیکن سوال یہ بھی ہے کہ ہر دور کا ادیب سپاہی کہیں نہ کہیں اپنے تخلیقی ترکش سے ایک آدھ فحش زدہ تیر چلا ہی دیتا ہے۔ ایسا کیوں ؟

جواب یہ ممکن ہو سکتا ہے کہ تخلیق کار "کچھ ہٹ کر" کے مصداق اپنی پہچان نمایاں کرنا چاہتے ہیں۔ یا کچھ تو شاید اپنے اجداد کے نقوش پائے ہوئے ہیں اور اسی کو صراطِ حقیقی افسانہ سمجھتے ہیں تا کہ آپ کی مشابہت منٹو جیسوں سے کی جاسکے۔ یا پھر بہت سے ایسے بھی ہیں جو ظاہری چمک دمک کے سہارے قارئین کو اپنی تحریر کی طرف متوجہ کرنا چاہتے ہیں ۔ کیونکہ جنسی مسالہ آج کل ادب کی چمک دمک سمجھا جاتا ہے ۔ کیا آپ کو نہیں لگتا کہ آج کی کہانی بھی بڑی حد تک "انٹر ٹینمینٹ، انٹر ٹینمینٹ اور انٹر ٹینمینٹ ہی بنتی جا رہی ہے۔

ایسا نہیں ہے کہ میں ادب میں فحاشی کے سخت خلاف ہوں۔ لیکن ایک طور ایسا ہونا چاہیے کہ جو قاری کی ذہنی سطح سے میچ کرے ورگنہ تحریر کی مقصدیت پر صرف جنسی وار چل جاتا ہے۔ اب اگر ادبی کہانیوں اور ریلوے اسٹیشن کے اسٹال پر بکنے والی کہانیوں میں امتیاز کرنا مشکل پڑ جائے تو میں ایک قاری کی حیثیت سے ایسے ادب سے دستبردار ہوں ۔

تخلیق کسی بھی رجحان کی حامل ہو مگر اس میں مقصدیت کا عنصر نمایاں ہونا چاہیے ۔ اور مقصد اگر صرف فحاشی ہی ہے تو اس کے تخلیق کار بالخصوص اردو ادب میں ایک نئی شاخ جاری کرنے جا رہے ہیں ۔ جس کی عمر ساختیت سے زیادہ نہیں ہے ۔

٭ ٭ ٭

فحاشی کا کلامیہ اور نذیر احمد

ڈاکٹر ناصر عباس نیر

۷۵۵۱ء میں چھاپے خانے کی ایجاد کے بعد پوپ چہارم نے ممنوعہ کتب کا اشاریہ (Index Prohibitorum) مرتّب کرایا تھا، جس پر مسلسل نظرِ ثانی کی جاتی رہی۔ یہ سلسلہ بیسویں صدی کے نصف میں بھی جاری رہا۔

اس اشاریے میں وہ تمام کتابیں درج کی جاتی رہیں جنھیں 'مضر، کافرانہ، فحش اور مخربِ اخلاق' گردانا جاتا تھا اور جنھیں پوپ کی اجازت کے بغیر پڑھا نہیں جا سکتا تھا۔ عیسوی سماج میں کن خیالات کو قبول کیا جائے گا، اور کس قسم کے علم کے پھیلاؤ کی اجازت ہوگی، اس کا فیصلہ پوپ کرتا تھا۔ ریاست بھی چرچ کا ساتھ دیتی تھی۔

ہنری ہشتم نے کتابوں پر اختیار و نگرانی کے لیے 'کورٹ آف اسٹار چیمبر' قائم کیا۔ سترھویں صدی میں Law of Libel نافذ ہوا۔ اگرچہ Libel کا لفظی مطلب چھوٹی کتاب تھا، تاہم اس قانون کے تحت وہ سب کتابیں قابلِ ضبطی تھیں جو توہین آمیز، مفسدانہ، گستاخانہ یا فحش ہوتی تھیں۔

اِس طور دی فیملی انسٹرکٹر کے لکھے جانے سے پہلے چرچ اور ریاست کتابوں کے ذریعے خیالات کی آزادانہ نشر و اشاعت کو سخت تعزیری قوانین کے تابع کر چکی تھیں۔ یہ سلسلہ بعد میں بھی جاری رہا۔ ۷۵۸۱ء میں 'فحش اشاعت ایکٹ' جاری ہو چکا تھا۔ اس

قانون کے تحت فخش کتابیں لکھنے والوں ہی کو نہیں شائع کرنے اور بیچنے والوں کو بھی گرفتار کیا جا سکتا تھا۔ ۱۸۶۸ء میں لارڈ چیف جسٹس کاک برن نے فحاشی کی تعریف بھی وضع کر دی تھی، جس کے مطابق "فحاشی کی آزمائش یہ ہے کہ جو تحریر اپنے پڑھنے والوں کے ذہن کو بگاڑ یا بد عنوان بنانے کا میلان رکھتی ہے، وہ فخش ہے۔"

فحاشی کی اس تعریف پر ایلس کریگ کا تبصرہ ہمیں دی فیملی انسٹرکٹر اور توبۃ النصوح کے تصوّرِ اخلاق کو سمجھنے میں بہت مدد دیتا ہے۔

صریحاً، اگر اس تعریف کا اطلاق تسلسل سے کیا جاتا تو اس نے ادب کو نرسری کی سطح پر گھٹا دیا ہوتا۔ آمرانہ انداز میں اس کے اطلاق سے یہ افراد کے لیے ناانصافی کا خوف ناک سرچشمہ اور سائنس، ادب اور معاشرے کے لیے نقصان دہ ثابت ہوئی۔

اُردو فکشن میں یہ سب توبۃ النصوح کے ذریعے 'فلٹر' ہو کر داخل ہوا۔ اس سے پہلے اُردو فکشن اور شاعری میں مذہب و ادب کو ایک دوسرے کا مقابل سمجھنے کی روش موجود نہیں تھی، اس لیے ادب کے خلافِ مذہب ہونے کی بحث موجود تھی، نہ فحاشی ایک اہم ادبی مسئلے کے طور پر موجود تھی۔

شعرا شیخ، زاہد، بے روح مذہبی رسمیات کا مضحکہ اُڑاتے تھے، مگر انھیں شاید ہی مذہب پر حملہ تصوّر کیا گیا ہو۔ البتہ شاعری کے بعض حصوں کے سوقیانہ، رکیک اور مبتذل ہونے کا تصوّر ضرور موجود تھا، مگر یہ بھی ایک اخلاقی تصوّر سے زیادہ ایک جمالیاتی مسئلہ تھا۔

نہ صرف اس مسئلے کی تشخیص، تشکیل اور ترجمانی ادبانے کی، بلکہ اسے اظہار کا غیر فصیح، بازاری انداز قرار دیا، نیز اس مسئلے کو ہمیشہ ادب کی مرکزی روایت سے ایک خاص دوری پر، اور اس سے الگ تصوّر کیا گیا۔ اس کا سب سے بڑا ثبوت یہ ہے کہ وہ مضحکات،

جن کی ذیل میں سوقیانہ و رکیک ادب کو رکھا گیا، کبھی مشاعرے اور داستان سرائی کی محافل میں نہیں سنائے گئے۔

اصل یہ ہے کہ کلیم کے ذخیرۂ کتب پر کفر و فحاشی کا الزام، فحاشی کے اس کلام یے (ڈسکورس) ہی کی توثیق ہے جو اُس زمانے میں جاری تھا۔ جس سال توبۃ النصوح شائع ہوا، اسی برس پنڈت کرشن لال (جو انجمن پنجاب کے رکن تھے) نے فحاشی پر ایک لیکچر تیار کیا، جس کا خلاصہ پنجابی اخبار میں ۲۱؍اگست ۱۸۷۴ء میں شائع ہوا۔ گارساں دتاسی نے اسے اپنے ۱۸۷۴ء کے مقالے میں اقتباس کیا ہے۔ پنڈت صاحب کے لیکچر کا یہ حصہ فحاشی کے تصوّر کی تفہیم میں مدد دیتا ہے۔

"آدمی ہی کی طرح یا تو کوئی فحش مضمون بالکل عریاں ہو سکتا ہے، یا نیم برہنہ، یا ناکمل طور پر پوشیدہ یا شائستہ۔ اس لحاظ سے اسلوبِ بیان کی چار الگ الگ قسمیں ہیں۔(۱) وہ جس میں کوئی مذموم مضمون انتہائی بد تہذیبی سے عریانی کے ساتھ بیان کیا جائے، (۲) وہ جس میں صنائع و بدائع سے اس کا ستر کیا جائے، (۳) وہ جو آزادی میں حُسن کا پہلو باقی رکھے، (۴) وہ جس میں بات بڑی احتیاط اور سنوار کے ساتھ کہی جائے"۔

پنڈت صاحب نے اس اصول کی روشنی میں سنسکرت، عربی، فارسی، ہندی، اُردو، انگریزی ادب میں فحش کتب کا جائزہ لیا ہے۔ ان کے نزدیک فارسی اور اُردو میں فحشِ مستور، جس پر دہرا پردہ پڑا ہو، اس کی مثالیں موجود ہیں۔

فارسی انشا میں کوئی تالیف ایسی نہیں جس میں اس طرح کا فحش نہ ہو۔ اس ضمن میں بہارِ دانش خاص طور پر بدنام ہے۔ گلستاں تک جس کو اخلاق و نصیحت کی کتاب تسلیم کیا جاتا ہے، اس عیب سے خالی نہیں... ریختی میں پوری بے حیائی کے ساتھ فحش بیانی ہوتی ہے... رہی دوسرے درجے کی فحش بیانی جس پر اکہرا پردہ پڑا ہو، سودا، انشا، رنگین، نظیر

وغیرہ کے ہاں اس کی متعدد مثالیں ملتی ہیں، لیکن اگر انگریزوں کی عینک سے دیکھا جائے تو ساری ہندوستانی تخیلی کتابوں پر فحش نگاری کا الزام عائد ہو سکتا ہے۔

کم و بیش یہی وہ کتابیں ہیں جو کلیم کے کتب خانے کی زینت تھیں۔ اس سے ایک بات بالکل واضح ہو جاتی ہے کہ ڈپٹی نذیر احمد نے فارسی، اُردو کے سارے تخیلی ادب کو انگریزوں کی عینک سے دیکھا اور فحش قرار دیا۔ انھوں نے یہ کھکھیڑ اٹھائی ہی نہیں کہ فحاشی ایک استعماری کلامیہ ہے، اس کی تہہ میں عیسوی ثنویت کے ساتھ ساتھ مشرق و یورپ کی وہ ثنویت بھی کار فرما ہے، جس کے مطابق مشرق ہر اعتبار سے یورپ کے برعکس ہے؛ مشرق توہم پرست، یورپ عقلیت پسند ہے، مشرق پس ماندہ و درماندہ، اور یورپ ترقی یافتہ ہے، مشرق کا تخیل فحاشی کا دلدادہ اور یورپی ذہن تہذیب و شائستگی کا علم بردار ہے۔

یہ ثنویت جب ہندوستانیوں کے ذہن میں ایک 'امر واقعہ' کے طور پر جگہ بنانے میں کامیاب ہو جاتی ہے تو استعمار کار کو یہ اختیار خود بخود مل جاتا ہے کہ وہ ہندوستانیوں کو تہذیب و شائستگی سکھانے کے لیے نئی کتب تیار کروا سکے، ان کے 'گناہ گار تخیل' کو پہلے توبہ و ندامت پر مائل کرے اور پھر ان کی اصلاح کر سکے۔

٭ ٭ ٭

اردو کا پہلا ناول جس پر فحاشی کے الزام میں پابندی لگی

ظفر سید

آپ نے فلموں میں دیکھا ہو گا کہ بلندی پر اڑتے جہاز کا دروازہ یا کھڑکی کسی حادثے سے کھل جاتی ہے، اور جہاز کے اندر ایک تلاطم برپا ہو جاتا ہے۔ ہر سے بگولوں کی زد میں آ جاتی ہے، سامان، لباس اور خود مسافر اس جھکڑ میں کاغذ کی کترنوں کی طرح اڑتے پھرتے ہیں اور ہیرو یا اس کے حواری بمشکل سیٹ یا کسی دیوار کو مضبوطی سے تھام کر خود کو خلا کا نوالہ بننے سے بچاتے ہیں۔

اکرام اللہ کے ناول 'گرگِ شب' پڑھتے وقت میرے ساتھ بھی کچھ ایسا ہی ہوا۔ جیسے کتاب کے ورق نہیں کھولے، غلطی سے ۴۰ ہزار فٹ کی بلندی پر اڑتے جیٹ کا دروازہ کھول لیا ہے۔ پھر جو جھکڑ چلے انہوں نے 'گرگِ شب' کے بارے میں پہلے سے پڑھی سنی باتیں، محمد خالد اختر اور محمد سلیم الرحمٰن (دونوں پسندیدہ ادیب) کے اسی ناول کے شروع میں دیے گئے دیباچے، اردو ناول کے اسالیب کے بارے میں نظریات، اردو نثر کے امکانات کے بارے تصورات سبھی دماغ کے اندر ادھر ادھر پھڑ پھڑانے لگے۔

یہ ناول نہیں ہے، فورس آف نیچر ہے، کوئی وبائے بے درماں ہے، کوئی کلاؤڈ برسٹ ہے، آتش فشاں کے دہانے سے چھلکتا لاوا ہے جو ہر شے کو لپیٹ میں لے لیتا ہے۔ بلکہ یہ استعارے ناکافی ہیں، 'گرگِ شب' کی شدت اور حدت کو اسی کی ایک ڈیوائس کی مدد سے

بیان کیا جا سکتا ہے۔ ناول کے مرکز میں چند کابوس ہیں، جو ہر رات اندھیرا پھیلتے ہی مرکزی کردار شفیع کو دبوچ لیتے ہیں اور اسے زندگی گزارنے جوگا نہیں چھوڑتے (ناول کا نام 'گرگِ شب' غالباً اسی وجہ سے رکھا گیا ہے)۔ بالکل ایسے ہی یہ ناول بھی ایک کابوس ہے جو قاری کے حواس پر سوار ہو جاتا ہے اور کتاب ختم ہونے کے بہت عرصے بعد بھی اپنے چنگل سے نکلنے نہیں دیتا۔

اکرام اللہ کے اس ناول کا ذکر ادھر ادھر سننے کو ملتا تھا، ساتھ میں یہ بھی حاشیہ بھی کہ اس پر پابندی لگا دی گئی تھی۔ کس واسطے کہ اس کے مواد پر جنس کا غلبہ تھا۔ لیکن اس کے علاوہ نہ تو 'گرگِ شب' کا ذکر اردو ناول نگاری پر کسی تنقیدی کتاب میں آتا ہے نہ ہی اکرام اللہ پر کوئی نصف سنجیدہ تنقیدی مضمون پڑھنے کو ملا۔

'گرگِ شب' شروع کیا تو ایک نشست کے بعد دوسری نشست کا انتظار کرنا سوہانِ جان ہو گیا۔ ختم کر کے کتاب بند کی تو کان بھی ساتھ ہی یوں بند ہو گئے جیسے بم دھماکے کے بعد قوتِ سماعت کچھ دیر کو مختل ہو جاتی ہے۔ جب حواس بحال ہوئے تو اسے اردو ناول کی تاریخ میں الگ کھڑا پایا۔

ہمارے ہاں بڑا بڑا ناول لکھا گیا ہے، تاریخی ناول، سماجی ناول، نفسیاتی ناول، رومانوی ناول، دہشت ناک ناول، فلسفیانہ ناول، وغیرہ۔ لیکن 'نفسیاتی دہشت ناک' (psychological horror) ناول کی شاید یہ پہلی مثال ہے۔

لیکن ایسا بھی نہیں کہ ناول صرف نفسیات کی سطح پر تیرتا رہتا ہے۔ اس کی جڑیں اصل زندگی میں بھی دور تک پیوست ہیں، اور شاید یہی وجہ ہے کہ جب ناول اچانک حقیقت سے اٹھ کر نفسیاتی دہشت کی دنیا میں داخل ہوتا ہے اور اس کی کاٹ دونی ہو جاتی ہے۔

مرکزی کردار کے بچپن کے واقعات، سگی اور سوتیلی ماؤں کی آویزش، باپ اور بھائیوں بھابھیوں کے ساتھ مشترک گھر میں گزرا بچپن، دوستوں اور حمیدہ نامی لڑکی کے ساتھ اولین رومانس کے چھینٹے، کلب کی بوریت گزیدہ زندگی، اپر کلاس کا کھوکھلا پن اور منافقت، یہ سبھی جھلکیاں حقیقی دنیا کی عکاس ہیں۔ لیکن ان کے دوران دفعتاً، بعض اوقات ایک ہی فقرے کے اندر، ماضی حال میں اور خارج داخل میں گھل جاتا ہے۔ فکشن رائٹنگ کی کلاسوں میں ایسی چیزوں کی حوصلہ شکنی کی جاتی ہے اور ہدایت کی جاتی ہے کہ ہر حصے کو الگ رکھا جائے، مگر اکرام اللہ ایسی کسی ادبی چھوت چھات کے قائل نہیں اور اپنے قلم کے زوم لینس کی ایک ہی جنبش سے فوکس ذات سے بدل کر کائنات پر مرکوز کر لیتے ہیں، اور پھر اتنی ہی سہولت سے واپس زمین کو گرفت میں لے لیتے ہیں۔

لیکن میرے لیے سب سے چونکا دینے والی چیز یہ تھی کہ ناول نے جس نثری اسلوب کو ناول کی کہانی کے اندر بن دیا ہے اس کی کوئی مثال کم از کم اردو میں ڈھونڈے سے نہیں ملتی۔ اردو قاری (اور کم سواد نقاد) اکثر ناول کے اندر منظر کشی ڈھونڈتا رہتا ہے، یہ سوچے بغیر کہ منظر کشی اگر کردار کی نفسیات سے ہم آہنگ نہیں ہے اور پلاٹ کو آگے نہیں بڑھاتی تو اس کی حیثیت ان بھدی آرائشی پٹیوں سے زیادہ نہیں جو کسی تہوار کے موقعے پر سڑک کے کنارے لگے شیشم کے کسی 'ساونت' درخت پر لگا دی جاتی ہیں اور ہوا کے تھپیڑوں کے ساتھ بے مقصد پھڑ پھڑاتی رہتی ہیں۔

فکشن بنیادی طور پر کردار نگاری کا آرٹ ہے۔ تگڑا کردار تخلیق کر دیں، وہ اگر چھینک بھی مارے تو وہی پلاٹ ہے۔ تگڑا کردار جو اپنے ارد گرد دیکھتا ہے، جو محسوس کرتا ہے، وہی منظر کشی ہے۔ منظر کشی کچھ اور نہیں، کردار پر گزری ہوئی واردات ہے۔ ان گھڑ مصنف کہانی کو ڈوبتے سورج، دریا کی اٹکھیلیاں کرتی موجوں، گھاس پر اوس کے قطروں

کے بدمزہ شیرے میں لتھیڑ دیتا ہے، کردار کونے میں کھڑا انتظار کر تارہ جاتا ہے کہ پہلے مصنف صاحب منظر نگاری کا شوق پورا فرمالیں تو آگے بڑھیں۔ اصیل مصنف کردار کی ہڈبیتی کو منظر بنا دیتا ہے۔

یہی کمال اکرام اللہ نے 'گرگِ شب' میں کیا ہے۔ یہاں منظر کشی موجود ہے، جس میں ساحل سمندر پر سر پٹکتی موجوں، آسمان پر چمکتے تاروں، شہر کی تاریک اور ویران سڑکوں، اور عورت کے عریاں بدن کی 'بدنام زمانہ' جزئیات تک شامل ہیں (جن کی بنیاد پر کسی بدذوق بابو نے ناول پر پابندی لگا دی، جس کا ذکر بعد میں)۔ مگر یہ بیان کردار کی ذاتی واردات، کہانی کی نفسیات اور وقوعے کے تار و پود کے ساتھ یوں آمیخت ہے کہ ایک کو دوسرے سے الگ کرنا ممکن نہیں۔ ہم نے سوچا کہ اس بات کو کسی مثال سے واضح کریں مگر ناول ہی سے تشبیہ مل گئی: 'وہ مجھ سے ایسے چمٹی ہوئی تھی جیسے میں سمندر میں بہتا ہوا تختہ ہوں اور وہ تباہ شدہ جہاز کی مسافر۔'

چلیں، ذکر آ ہی گیا ہے تو 'گرگِ شب' میں سے منظر کشی کی ایک ماسٹر کلاس دیکھیے:

'سامنے جفتی کی لذت سے کراہتا ہوا سیاہ سمندر اور اسی لذت میں ڈوبی ہوئی مدہوش کالی رات باہم دگر لپٹے ہوئے پڑے تھے۔ آسمان اپنی لاکھوں چمکدار آنکھیں پوری شدت سے پھاڑے حسرت سے دیکھ رہا تھا کہ کاش اگر میں اپنی بلندیوں سے پیچھا چھڑا سکتا تو میرا محبوب آج مجھ سے یوں مایوس ہو کر رقیب سے تسکین کا جویا نہ ہوتا۔'

یہ وہ موقع ہے جب ناول کا مرکزی کردار شفیع ریحانہ نامی ایک عورت، جو اس کے دوست کی بیوی مگر اس پر ملتفت ہے، کو ساتھ لے کر ساحل پر آیا ہوا ہے، لیکن شفیع کی روح کے بگولے ہمہ وقت اس کے قدم اکھیڑے رہتے ہیں۔ بلا نوشی کی لت، دانستہ بے خوابی اور اپنے گھر سے اندھیروں کو جلاوطن کرنے کی کوشش کے ساتھ ساتھ ریحانہ

کی طرف التفات بھی ان بگولوں سے جان چھڑانے کے بہانے ہیں۔ مگر سمندر کے تاریک ساحل پر خود سپردگی سے چور ریحانہ اس سے اتنی ہی دور ہے جتنا آسمان سے سمندر۔ آسمان تو پھر بھی ایک فاصلے پر جا کر سمندر سے ہم آغوش ہو ہی جاتا ہے، مگر شفیع سمندر کے کنارے بھی پیاسے کا پیاسا رہتا ہے۔

'گرگِ شب' بیک وقت کئی سطحوں پر چلتا ہے اور یوں تہہ داری اس کے کاغذی پیرہن کے اندر کسی جاپانی اوریگامی کی طرح موجود ہے۔ ایک اور اہم عنصر ابہام ہے، کہ ناول بہت سی چیزوں پر پردہ ڈالے رکھتا ہے، حتیٰ کہ ناول کے مرکزے میں موجود طعنے کے بارے میں بھی آخر تک معلوم نہیں ہوتا کہ اس کی حقیقت کیا ہے اور نہ ہی ناول کو حقیقت معلوم کرنے اور قاری کو ہر شے 'کھول کھول کر بتانے' میں کوئی دلچسپی ہے۔ اسے غرض ہے تو بس اس سے کہ یہ نفسیاتی گتھی مرکزی کردار کی شخصیت کو کیسے چرمرا دیتی ہے۔

'گرگِ شب' کے بارے میں سوچتے ہوئے منٹو کے افسانے 'ٹھنڈا گوشت' کا خیال آنا لازمی ہے۔ ایک تو کہانی کسی حد تک ملتی جلتی ہے، دوسرے دونوں پر فحاشی کے الزام میں پابندی لگی۔ پابندی کا ذکر تھوڑی دیر بعد میں، پہلے مماثلت کا ذکر ہو جائے۔

'ٹھنڈا گوشت' میں ناول کا مرکزی کردار ایشر سنگھ تقسیمِ ہند کے دوران پیش آنے والے ایک واقعے کے باعث منجمد ہو جاتا ہے۔ 'گرگِ شب' میں ایک طعنے کا گزر مرکزی کردار شفیع کو چاروں شانے چت کر دیتا ہے۔

لیکن 'ٹھنڈا گوشت' سیدھا سادھا افسانہ ہے، اس میں جو کچھ ہے سطح پر ہے۔ فیض نے اس پر چلنے والے فحاشی کے مقدمے کے دوران عدالت میں کہا تھا کہ 'اس افسانے میں مصنف نے فحش نگاری نہیں کی لیکن ادب کے اعلیٰ تقاضوں کو بھی پورا نہیں کیا۔ کیونکہ

اس میں زندگی کے بنیادی مسائل کا تسلی بخش تجزیہ نہیں۔'

'زندگی کے بنیادی مسائل کے تجزیہ' تو شاید ترقی پسند چورن بیچنے سے 'تسلی بخش' طریقے ہو جاتا، البتہ اس میں منٹو کا افسانہ یقیناً حلال ہو جاتا، اس لیے افسانہ یک رخا ہی سہی مگر موضوع کے تیکھے پن، مکالموں کی تیز دھار اور تکنیک کی چابک دستی کی وجہ سے پڑھنے والے کی یاد کے پردے پر نقش ہو جاتا ہے۔ کم ہی کوئی فراموش کار قاری ہو گا جس نے یہ افسانہ پڑھا ہو اور اسے بھول گیا ہو۔

'گرگِ شب' پر فحاشی کے الزام میں پابندی ضرور لگی، مگر مقدمہ نہیں چلا۔ اس کی وجہ مصنف نے راقم کو یہ بتائی کہ منٹو اور عصمت وغیرہ پر انگریزی دور کے قوانین کے تحت مقدمے چلائے گئے تھے، مگر بعد میں مملکتِ خداداد میں یہ قوانین بدل دیے گئے، اور اب حکومت مصنف کو اٹھوانے کی بجائے صرف کتاب اٹھانے پر اکتفا کرتی ہے (البتہ صحافیوں کے لیے یہ سہولت حسبِ سابق اور حسبِ ضرورت اب بھی جوں کی توں موجود ہے)۔

'ٹھنڈا گوشت' پر چلنے والے مقدمے کی کارروائی کے دوران یہ نکتہ بار ہا زیرِ بحث آیا کہ فحش اور مخرب الاخلاق کیا ہے، مگر کوئی تسلی بخش تعریف سامنے نہ آ سکی۔ یہ تو خیر ہمارے ملک کی ایک عام سی عدالت تھی، ۱۹۶۴ میں خود انکل سام کی سپریم کورٹ کے سامنے بھی فحش کی تعریف کا معاملہ پیش ہوا تھا، تس پر ایک جج پاٹر سٹیورٹ نے زچ ہو کر کہا تھا، "I know it when I see it." انگریزی زبان میں یہ فقرہ اب محاورے کا درجہ اختیار کر گیا ہے۔

اس معاملے پر خود گھوڑے کے منہ سے بھی سن لیجے: منٹو ایک مضمون میں لکھتے ہیں، 'افسانہ ٹھنڈا گوشت پڑھ کر اگر کسی صاحب کے جذبات برانگیختہ ہوں تو انہیں کسی

ذہنی معالج سے رجوع کرنا چاہیے۔۔۔ایک بیمار ذہن ہی ایسا غلط اثر لے سکتا ہے۔ جو لوگ روحانی، ذہنی اور جسمانی لحاظ سے تندرست ہیں، اصل میں انہی کے لیے شاعر شعر کہتا ہے، افسانہ نگار افسانہ لکھتا ہے اور مصور تصویر بناتا ہے۔ میرے افسانے تندرست اور صحت مند لوگوں کے لیے ہیں۔'

ایسے ہی ایک تندرست صاحب اور استغاثے کے گواہ ایم ڈی تاثیر (پنجاب کے مقتول گورنر سلمان تاثیر کے والد) نے جرح کے دوران ایک دلچسپ بات کہی۔ انہوں نے کہا کہ اس افسانے کو پڑھ کر جنسی کراہت تو محسوس ہو سکتی ہے، جنسی ترغیب نہیں۔

یہ بات 'گرگِ شب' پر بھی صادق آتی ہے کہ اس ناول کی دنیا میں جنس کو پہلے تو ایک گھناؤنی سماجی چال کے طور پر برتا جاتا ہے، جو آگے چل کے ایک لا یعنی حیاتیاتی ذمہ داری بن جاتی ہے۔

اکرام اللہ صاحب مقدمے سے بچ گئے، لیکن اگر مقدمہ چلتا، اور فیض صاحب بھی موجود ہوتے (کتاب ۱۹۷۹ میں، یعنی ضیاء الحق کے دور میں چھپی اور اٹھوائی گئی تھی اور فیض صاحب اس وقت یقیناً موجود تھے) تو شاید وہی رائے دیتے کیوں کہ ناول میں سماجی مسائل کا 'تسلی بخش' تو کیا 'مولا بخش' تجزیہ بھی نہیں ہے، لیکن اگر روح کی تاریک ترین گہرائیوں کی گنجل گتھیوں کو روشنی میں لے آنا اور ایسا کرتے ہوئے اردو نثر کے امکانات کو پوری طرح سے نچوڑ کر رکھ دینا کوئی آرٹ ہے تو اس سے ناول یوں لبالب ہے جیسے۔۔۔ تشبیہ کے لیے ناول ہی پڑھ لیجیے۔

٭ ٭ ٭

فحش کون: منٹو یا معاشرہ؟

اختر حفیظ

امریکی شاعرہ مریئل رکائسرنے کہا ہے کہ یہ کائنات ایٹم سے نہیں بلکہ کہانیوں سے بنی ہوئی ہے۔

کہانیاں یا افسانے ہمیں نہ صرف معاشرے میں رائج رجحانات کے بارے میں بتاتے ہیں، بلکہ یہ تاریخی واقعات اور حالات کو بیان کرنے کے لیے ایک ایسی بہترین صنف ہے جس کے ذریعے ایک افسانہ نگار اپنی تخلیقی صلاحیتوں کو بروئے کار لا کر ایسی ایسی شاہکار تحریروں کو جنم دیتا ہے جن کا اثر صدیوں تک جاری رہتا ہے۔

کبھی یہی افسانے تمثیل میں لکھے جاتے ہیں تو کبھی تلخ حقائق کو نرم الفاظ کا لباده پہنا کر بیان کیا جاتا ہے، اور ایک شاہکار افسانہ قاری پر سحر طاری کر دیتا ہے۔

آج کم و بیش دنیا کی ہر زبان کے ادب میں ہمیں شاہکار کہانیاں ملتی ہیں۔ اردو ادب کی خوش قسمتی رہی ہے کہ اسے اپنی کہانیوں کے ذریعے ایک طلسم کدہ تعمیر کرنے والا کرشن چندر، امرتا پریتم جیسی حقیقت نگار اور راجندر سنگھ بیدی جیسے بہترین افسانہ نگار بھی ملے۔

اسی ادب نے عصمت چغتائی کے دیوانے پیدا کیے اور احمد ندیم قاسمی سے لے کر ابدال بیلا تک ایسے معتبر افسانہ نگار دیے جنہیں آج بھی بڑے احترام کے ساتھ یاد کیا جاتا

ہے۔

مگر اردو افسانے کا ذکر تب تک مکمل نہیں ہوتا جب تک اس میں سعادت حسن منٹو کو شامل نہ کیا جائے، جن کی زندگی تو تمام ہوگئی مگر ان کے قلم کی سیاہی کبھی ختم نہ ہوئی اور وہ تب تک افسانے لکھتے رہے جب تک انہوں نے اپنے بستر پر ہی ہمیشہ کے لیے آنکھیں بند نہ کیں۔

منٹو آج بھی بہت سے لوگوں کے ناپسندیدہ افسانہ نگار ہونے کے باوجود وہ بہت سوں کے پسندیدہ افسانہ نگار بھی ہیں۔ لیکن ان حضرات کے بارے میں کیا کہا جائے جو ہمیشہ منٹو کے پڑھنے والوں کو یہی تاکید کرتے رہتے ہیں کہ "بچوں کو منٹو کی کہانیوں سے دور رکھیں"، مگر وہ خود ان کے افسانے چھپ چھپ کر پڑھتے رہتے ہیں، اور ان کے افسانوں میں جنسی لذت کا پہلو تلاش کرتے ہوئے بھرپور لطف اٹھاتے ہیں۔

شاید ایسے ہی لوگوں کے بارے میں منٹو نے کہا تھا کہ معاشرے کے تاریک پہلوؤں سے پردہ اٹھاتی میری تلخ کہانیوں میں اگر آپ کو جنسی لذت نظر آتی ہے تو یقیناً آپ ذہنی طور پر بیمار ہیں۔

وہ شراب پیتے، پان چباتے اور سگریٹ سلگاتے تھے، مگر ان کے افسانے نہ تو پان چباتے ہیں اور نہ ہی شراب پیتے ہیں، بلکہ وہ ایسا سچ بیان کرتے ہیں جو ہم سے ہضم نہیں ہوتا۔

مگر انہیں کیا پڑی تھی ایسے کروڑے سچ لکھنے کی کہ جسے پڑھنے کے بعد لوگ اپنے دانت پیسنے لگیں اور منہ بسور کر منٹو پر گالیوں کی بوچھاڑ کر دیں؟

اس کی وجہ یہ ہے کہ اگر کسی لکھاری یا ادیب کا دل اس کے معاشرے میں ہونے والے ظلم و ستم، ناانصافی اور دوغلے رویوں پر بھی حرکت میں نہیں آتا تو اس سے بہتر ہے

کہ وہ کوئی کاروبار کرلے۔

جو ادب لوگوں کو خوش کرنے کے لیے لکھا جائے، وہ ادب ادب نہیں بلکہ صرف لفظی ہوتی ہے، جو کہ کوئی بھی الفاظ کا جادوگر آسانی سے کر سکتا ہے، لیکن معاشرے کو ناراض کرکے حقائق لکھنا ہی ایک حقیقی ادیب کا کام ہے۔

انہوں نے اپنے ایک مضمون میں لکھا تھا کہ "مجھے آپ افسانہ نگار کی حیثیت سے جانتے ہیں، اور عدالتیں ایک فحش نگار کی حیثیت سے، حکومت مجھے کمیونسٹ کہتی ہے اور کبھی ملک کا بہت بڑا ادیب۔ کبھی میرے لیے روزی کے دروازے بند کیے جاتے ہیں اور کبھی کھولے جاتے ہیں۔ میں پہلے بھی سوچتا تھا اور اب بھی سوچتا ہوں کہ میں کیا ہوں۔ اس ملک میں جسے دنیا کی سب سے بڑی اسلامی سلطنت کہا جاتا ہے، میرا مقام کیا ہے، میرا اپنا مصرف کیا ہے؟"

ہم یہ سمجھتے ہیں کہ سعادت حسن منٹو اپنے افسانوں میں عورتوں کے کپڑے اتارتا ہے، مگر سچ تو یہ ہے کہ انہوں نے ان ہی عورتوں کے بارے میں لکھا ہے جن کے کپڑے حالات اور ہمارے معاشرے نے اتارے ہیں۔ 'ہتک' کی سوگندھی ہو، 'کھول دو' کی سکینہ، 'کالی شلوار' کی سلطانہ، یا پھر 'ٹھنڈا گوشت'۔ افسانے کی کلونت کور ہو، یہ منٹو کے وہ کردار ہیں جو حالات کے مارے ہوئے ہیں۔

اگر انہوں نے ان تمام لوگوں کو اپنا کردار بنایا ہے تو کیا انہوں نے کوئی گناہ کیا ہے؟ انہوں نے وہ لکھا ہے جو معاشرے نے انہیں دکھایا ہے۔ ان کے پاس خوبصورت الفاظ نہیں ہیں، نہ ہی ایسی تشبیہات اور استعارے جنہیں پڑھ کر ہم کھوسے جائیں۔ وہ ایسے افسانوں میں خوبصورت الفاظ کہاں سے لاتے جب ان کے کرداروں کی زندگی ہی زہر بھری تھی؟

اپنے ایک مضمون 'بقلم خود' میں انہوں نے اسی بات کا اعتراف کیا ہے کہ "اب لوگ کہتے ہیں کہ سعادت حسن منٹو اردو کا بڑا ادیب ہے، اور میں یہ سن کر ہنستا ہوں، اس لیے کہ اردو اب بھی اسے نہیں آتی۔ وہ لفظوں کے پیچھے یوں بھاگتا ہے جیسے کوئی جال والا شکاری تتلیوں کے پیچھے، وہ اس کے ہاتھ نہ آئیں۔ یہی وجہ ہے کہ اس کی تحریروں میں خوبصورت الفاظ کی کمی ہے۔ وہ لٹھ مار ہے، لیکن جتنے لٹھ اس کی گردن پر پڑے ہیں، اس نے بڑی خوشی سے برداشت کیے ہیں۔"

ان کے افسانوں کو صرف فحاشی کی نظر سے دیکھا جاتا ہے مگر وہ در حقیقت انسان کے سماجی، نفسیاتی اور جنسیاتی مسائل کے بارے میں ہمیں بتانا چاہتے ہیں جو انسان کی پیدائش سے لے کر مرنے تک اس کے ساتھ لپٹے رہتے ہیں۔ یہ سب مسائل توجہ طلب ہونے کے ساتھ ساتھ حل طلب بھی ہیں، مگر ہمارا رویہ ان تمام مسائل کے حوالے سے منفی رہا ہے۔

ہمیں اس سماج میں عورت بحیثیت ایک طوائف تو قبول ہے، مگر اگر وہ کوئی ایماندارانہ پیشہ اپنا کر اپنے بچوں کا پیٹ پالنا چاہتی ہے تو کتنے ہی لوگوں کے دلوں میں برسوں سے سوئی ہوئی غیرت جاگ جاتی ہے۔

اگر منٹو ایسے کرداروں پر افسانے لکھتے ہیں تو ہمارا معاشرہ اسے سازشی قرار دیتا ہے۔ مگر کیا ادب زندگی کی کوکھ سے جنم نہیں لیتا؟ کیا انسانی زندگی ان تمام مسائل میں گھری ہوئی نہیں جن کا سامنا کرتے کرتے عمر بیت جاتی ہے؟

منٹو کی تحریروں میں بھی وہی گرمی محسوس کی جاسکتی ہے جو فرانسیسی ادیب موپاساں کی تحریروں میں تھی۔ منٹو وہ بے رحم افسانہ نگار تھے، جنہیں لوگوں کے دکھوں اور تکالیف کو حسین کر کے پیش کرنے کا فن نہیں آتا تھا، بلکہ وہ اس کرب کو محسوس

کرتے تھے اور چاہتے تھے کہ اس ملک کی اشرافیہ بھی ان کے دکھوں کو محسوس کرے۔ مگر انہیں نفرت کے سوا کچھ نہیں ملا۔

کسی بھی فنکار کے فن پر تنقید کرنا، اس پر تبصرے کرنا اس حد تک تو جائز جب تک اس کا دائرہ کار صرف اس کی تحریروں تک محدود رہے، مگر جب اس کا دائرہ اس کی ذاتی زندگی تک پھیل جائے تو یہ کردار کشی بن جاتی ہے۔ منٹو کے ساتھ بھی کچھ ایسا ہی رویہ اختیار کیا گیا ہے۔

ان کی کہانیوں میں بظاہر فحش الفاظ کے پیچھے موجود دل سوز پیغام کو سمجھے بغیر ہم نے ان پر بے ہودہ، فحش نگار اور سنکی ہونے کا الزام اس قدر شدت سے لگایا ہے کہ ان کی وفات کی ۶ دہائیوں بعد بھی منٹو کی کتاب ہاتھ میں دیکھنے پر لوگ ٹیڑھی اور مشکوک نظروں سے ایسے دیکھتے ہیں جیسے کہ ہاتھ میں اردو ادب کے مایہ ناز افسانوں و مضامین کے بجائے پلے بوائے میگزین اٹھایا ہوا ہو۔

آج اگر منٹو زندہ ہوتے تب بھی وہ اسی سچ کو لکھنے کے لیے اپنے قلم کی سیاہی خرچ کرتے جسے ہمارے معاشرے کے نام نہاد پارسا برداشت کرنے کو تیار نہیں ہیں۔

ادب کی دنیا میں صرف خوبصورت الفاظ لکھ کر بھی ایک بہتر زندگی گزاری جاسکتی ہے، پر اگر کسی افسانہ نگار کو اس بات کا اندازہ ہو کہ اس کی لکھی ہوئی تحریر انہیں جیل کی ہوا کھلا سکتی ہے، عدالت کے کٹہرے میں بناوکیل کے مقدمہ لڑنے پر مجبور کر سکتی ہے، اور پھر بھی وہ لکھتا جائے، لکھتا جائے، تو کیا یہ بہادری نہیں ہے؟

یہی سب کچھ سعادت حسن منٹو نے کیا ہے۔ وہ سنگِ دشنام برداشت کرنے کے لیے تیار تھے، مگر انہوں نے معاشرے کی غلاظت کو دیکھ کر ناک پر رومال رکھنا اور منہ موڑ لینا گوارا نہیں کیا۔ آج یورپ اردو کے کسی حقیقت نگار کو جانتا ہے اور پڑھتا ہے تو وہ منٹو

ہے۔

ان کے افسانے آج بھی اس سماج کی عکاسی کرتے ہیں جس میں ہم سانس لے رہے ہیں۔ وہی سسکتی اور بلکتی صورتیں ہمارے اردگرد گھومتی نظر آتی ہیں، مگر پھر بھی ہم منٹو کو برا کہتے ہیں۔ کیوں؟ کیونکہ ہمیں ایک نشہ لگ چکا ہے، ہر چیز میں صرف حسین پہلو تلاش کرنے کا نشہ۔

٭٭٭

فحاشی (وہ مضمون جسے کئی بار لکھا اور مٹایا گیا)

عفت حسن رضوی

تین دن سے سوشل میڈیا پر ہر کس و ناکس اپنی اپنی ذہنی اڑان کے مطابق فحاشی پر بھانت بھانت کے تجزیے، فقرے اور فلسفے بگھار رہا ہے۔ کسی نے مذہب اور الہامی ہدایات کی روشنی میں سمجھانے کی کوشش کی ہے تو کوئی سماجی فلسفہ دانوں کے اقوال سنا رہا ہے۔

فحاشی بری چیز ہے، اس سے کیسے بچا جائے، فحاشی کے نقصانات، فحاشی کے انفرادی اور اجتماعی اثرات سب کچھ زیر بحث ہے ماسوائے ایک سوال کے۔ یہ فحاشی ہے کیا بلا؟ اس کی تعریف کیا ہے؟ کون سی حرکتیں اور کون سا لباس بیہودہ ہے؟ کون سے انداز فحش ہیں؟ کون سے الفاظ اور آواز فحش ہے؟

اگر فحاشی جسم کی عریانی میں چھپی ہے تو بسکٹ کے اشتہار میں اداکارہ مہوش حیات کا لباس ان کا مکمل جسم ڈھانپے ہوئے ہے لیکن ان کے دیکھنے والوں نے ان کے کئی گز لمبے کپڑوں میں فحاشی کو ڈھونڈ نکالا۔ تو کیا عورت کا مکمل، ڈھیلا ڈھالا لباس بھی فحش ہو سکتا ہے؟

اس سوال کا جواب آپ کو وہ عورت دے گی جو اپنی ستر کو مکمل ڈھانپے ہوئے ہوتی ہے جو اپنی چال ڈھال میں شدید احتیاط کے ساتھ جسمانی ساخت کو کپڑے کی کئی تہوں کے نیچے چھپائے ہوتی ہے، جو پرکشش رنگوں کے بجائے کالے برقعے میں گھر سے گھر سے نکلتی

ہے۔ وہ بتائے گی کہ گندی نظروں کو دبیز سیاہ برقعے کی آڑ کافی نہیں ہوتی۔ تو کیا مکمل کپڑوں میں ناچتی ہوئی عورت فاحشہ ہے؟

ایک عورت تھرک رہی ہے، لہک لہک کر دیکھنے والوں کو کہہ رہی ہے کہ یہ بسکٹ کھالیں۔ سراسر غیر ضروری، مجہول اور نامناسب آئیڈیا ہے۔ ایسے ہی سٹیج پر ناچتی عورت جسے اس خطے میں مجرا کہا جاتا ہے وہ بھی ہماری ثقافت ہے نہ ہی تفریح کا کوئی صحت مند ذریعہ ہے۔

چلیں ناچنے والی، مردوں کے نازک جذبات سے کھیلتی عورت کو فاحشہ مان لیتے ہیں لیکن اگر سٹاپ پہ بس کے انتظار میں کھڑی، باپردہ لڑکی کو بھی یہی مرد فاحشہ سمجھیں بلکہ گھر سے نکلنے والی ہر عورت کو یہی قرار دیں اور زبردستی انہیں گاڑی روک کر بیٹھنے کی آفر دیں تو سمجھ میں نہیں آتا ایک ناچنے والی اور ایک دفتر جانے والی باحیا عورت میں کیا فرق رہ گیا؟ فحاشی کی جانب تو دونوں راغب کر رہی ہیں۔

اگر یہاں بھی فحاشی کی اصل تعریف واضح نہیں تو پھر پچھلے تمام سوالوں سے پہلے اس کا جواب کھوجیں کہ کیا فحاشی عورت کی جنس سے تعلق رکھتی ہے؟ کیا جہاں عورت ہو گی وہاں فحاشی کسی نہ کسی صورت پھیلنے کا ڈر ہے؟ اس سوال کا جواب اگر وہ بچہ دینے لگ گیا جو کسی سکول یا مدرسے میں اپنے استاد کی جنسی درندگی کا شکار ہوا تو فحاشی کے معنٰی یکسر بدل جاتے ہیں۔

درس گاہ کے ایک نہایت خشک ماحول میں، جہاں سبق یاد کرنے والے بچوں کی ملی جلی آوازوں کی ہما ہمی ہے، اپنی عمر اور چھوٹے قد کے حساب سے بچوں نے مکمل کپڑے پہنے ہیں، نہ ان بچوں کی باتوں میں فحاشی ہے نہ حرکات گندی ہیں۔ ایسے ماحول میں ایک مرد استاد کے جنسی جذبات کیوں کر ابھیجتہ ہو سکتے ہیں؟

یعنی فحاشی کے وقوع پذیر ہو جانے کی تمام تر ذمہ داری صرف عورت نامی جنس پر نہیں ڈالی جاسکتی۔ فحش نہ مخصوص لباس ہوتے ہیں نہ فحاشی کا کوئی مخصوص وقت، حالات یا مروجہ طریقہ کار واضح ہے۔

کیا ہم دائرے کا پورا چکر کاٹ کر بھی وہیں آکھڑے ہوئے ہیں جہاں سے بات شروع کی تھی؟ جی ہاں ایسا ہی ہے اور ایسا ہی ہوتا رہے گا کیونکہ ہم فحاشی کو غلط جگہ بلکہ یوں کہیے کہ ہر جگہ ڈھونڈ رہے ہیں۔

بے ہودگی یا فحاشی منظر نہیں ناظر کی آنکھ میں چھپی ہے۔ ناظر یعنی دیکھنے والے کے منتشر خیالات، اس کے بے ترتیب جذبات کسی بھی انداز، کسی بھی لباس، کسی بھی عمر کے زندہ انسان یہاں تک کہ عورت کے مردہ جسم تک سے اپنے پر اگندہ دماغ کو تسکین پہنچا سکتے ہیں۔

ایک نامکمل معاشرتی تربیت کا نتیجہ ایسے مردوں کی شکل میں ملتا ہے جو اپنے چھوٹے دماغ کی وسعت سے باہر کی ہر چیز کو گناہ، غلط کاری یا فحاشی گردانتے ہیں۔ اخلاقی طور پر کمزور مردوں کو اگر رسم و رواج، قانون اور ثقافت کی طاقت مل جائے تو گویا پکا یا پکایا بہانہ مل گیا۔

وہ اپنے فحش دماغ اور فحش نظروں کا قصوروار عورت کو ٹھہرا کر خود بری الذمہ ہو جاتے ہیں۔ پھر معاشرے میں ایسے ہی فاحشہ عورتوں کی تلاش شروع ہوتی ہے جیسے آج ہو رہی ہے۔ پھر اپنی وحشت کے ہاتھوں مجبور، بے چارے مردوں کو بگاڑنے والی عورتوں کے لباس ناپے جاتے ہیں۔

سوشل سائنس کا ایک تجربہ کر کے دیکھیں۔ جیسے یہاں عورت کے برقعے سے باہر نظر آنے والے ہاتھ یا پاؤں میں ہی شہوت کی ساری حشر سامانیاں نظر آتی ہیں اسے مغربی

ممالک کے اس ساحل سمندر پر ایک ماہ کے لیے رکھیں جہاں دھوپ سینکنے کو عریاں عورتیں موجود ہوتی ہیں۔ یقیناً فحاشی سے متعلق اس کا نظریہ بدل جائے گا۔

آپ ایک منظر پر پابندی لگائیں گے، کروڑوں فحش منظر ناظرین کے سامنے تیرنے کو تیار پڑے ہیں۔ یاد رکھیں جب تک گندی نظریں فحاشی ڈھونڈتی رہیں گی ان کی نگاہوں کو گناہ کی غذا ملتی رہے گی۔ نگاہیں متلاشی ہوں تو آسمان پہ سجے بادلوں کے جھنڈ سے بھی تصویریں بنا لیتی ہیں۔

۞ ۞ ۞

فحاشی اور نئی دنیا:

ادب، بصری فنون اور انٹرنیٹ کے تناظر میں

مبین مرزا

آج ہماری دنیا اگر یکسر نہیں تو اب سے تین چار دہائی پہلے کی دنیا سے اس حد تک ضرور مختلف ہو چکی ہے کہ اب ہم اپنے زمانے میں، اس کے رجحانات اور مسائل کے حوالے سے جن موضوعات پر بات کرتے ہیں، وہ بڑی حد تک بدل چکے ہیں۔ ان نئے موضوعات میں فحاشی آج کی انسانی دنیا کا ایک ایسا موضوع ہے جس کی بابت تمام متمدن معاشرے سوچنے پر مجبور ہیں اور کم و بیش یکساں حالات اور بے بسی کے ایک جیسے احساسات سے دوچار ہیں۔

فحاشی کوئی نیا موضوع تو ہرگز نہیں ہے لیکن آج اس نے جس طرح مسئلے کی شکل اختیار کرلی ہے، وہ اپنی نوعیت میں اگر یکسر نہیں تو بہر حال بڑی حد تک نیا ہے اور اس سے پہلے کی تہذیبوں اور قوموں کو اس کا تجربہ تو کجا، شاید ان کے لیے اس قسم کی صورت حال کا تصور بھی محال تھا۔ اس کی وجہ یہ نہیں کہ گذشتہ ادوار میں فحاشی کا مسئلہ پیدا ہی نہیں ہوا تھا۔ نہیں، بات یہ نہیں ہے۔ انسانی تہذیب کے سفر میں بہت پہلے سے ہمیں اس مسئلے کا سراغ ملتا ہے، بلکہ تاریخ دانوں نے ما قبل تاریخ کے زمانوں اور جہانوں میں بھی اس مسئلے کی نشان دہی کی ہے۔ غاروں میں رہنے والے لوگوں تک کی چھوڑی ہوئی یاد گاروں میں

ان عناصر اور رجحانات کے واضح نشانات ملتے ہیں جنھیں ہم فحاشی سے تعبیر کرتے ہیں۔ مراد یہ ہے کہ مسئلہ تو یہ پہلے بھی انسانی معاشروں میں موجود تھا لیکن اب اس کی نوعیت اور صورت بہت کچھ بدل چکی ہے۔

جدید یعنی معاصر دنیا اصل میں انسان کے حسی تجربے سے زیادہ سروکار رکھتی ہے اور اس کے تجربے کی ماہیت ایک پرانی اصطلاح کے مطابق بیش از بیش عین الیقین کے درجے میں آتی ہے۔ یہ عہد Information Explosion کا ہے۔ چنانچہ آج انسانوں پر اور ان کی دنیا پر سب سے بڑا قبضہ ذرائع ابلاغ کا ہے۔ اس لیے معاصر دنیا میں فحاشی کے مسئلے کو سمجھنے کے لیے ہم اس مضمون میں ممکنہ حد تک اختصار کے ساتھ عہد حاضر کے جن تین اہم حوالوں سے بات کریں گے، ان میں سے ایک تہذیبی اقدار سے موسوم ہے یعنی ادب اور دیگر دو ذرائع ابلاغ سے یعنی بصری فنون (فلم وغیرہ) اور انٹرنیٹ۔

ہمارے یہاں فحاشی کے مسئلے کی نوعیت اب تک کیا تھی اور اس کی طرف ہمارا تہذیبی اور سماجی رویہ کیا رہا ہے، یہ جاننے کے لیے ہمیں ماضی بعید میں جانے کی ضرورت نہیں ہے، محض پچاس ساٹھ برس پہلے تک کی صورت حال پر ایک نظر ڈالنے سے بھی ہم بہت کچھ جان سکتے ہیں۔ اب دیکھیے، ہمارے یہاں ایک زمانہ تھا کہ سعادت حسن منٹو اور عصمت چغتائی اپنی صاف گوئی، بے باکی اور حقیقت نگاری یا فحاشی اور ابتذال کا خمیازہ مقدمات کی صورت میں بھگتتے تھے۔ لیکن آج جب ہم ان کے بدنام زمانہ افسانوں (مثلاً ٹھنڈا گوشت، اوپر، نیچے، درمیان اور لحاف وغیرہ) کو پڑھتے ہیں تو کہیں کہیں ذرا سی بے باکی کا احساس ضرور ہوتا ہے مگر ایسا تو کچھ ان افسانوں میں نظر نہیں آتا کہ جس پر مقدمہ بازی، پیشیوں، جرحوں اور جرمانوں کا طومار باندھا جائے۔ تو کیا نصف صدی قبل ہمارا معاشرہ دقیانوسی، تنگ نظر اور rigid تھا اور اگر اب اس قسم کے احتسابی واقعات پیش

نہیں آرہے، تو کیا ہم ماضی کے مقابلے میں آزاد خیال، کشادہ فکر اور enlightened ہو گئے ہیں، یا پھر کوئی اور بات ہے؟

ادب و فن میں فحاشی کا مسئلہ ایک بے حد اہم موضوع ہے۔ ہر تہذیب کسی نہ کسی موقعے پر اپنے ادب اور فنون سے اس مسئلے پر سوال کیا ہی کرتی ہے۔ ہمارے یہاں اس مسئلے کی گونج پہلے پہل چالیس کی دہائی کے اواخر میں سنائی دی تھی۔ قیام پاکستان کے بعد ہمیں خصوصیت سے اس نوع کے بنیادی مسائل کا سامنا تھا کہ اس وقت ایک آزاد ریاست کو وطن کی حیثیت سے حاصل کرنے کے بعد ہم نے من حیث القوم اپنی اپنی تہذیبی شناخت کی بابت سوچنا شروع کیا تھا اور اپنی اقدار کی طرف ہمارا رویہ بے حد سنجیدہ تھا بلکہ اس سنجیدگی میں شاید ایک حد تک حساسیت بھی شامل ہو گئی تھی۔ چنانچہ بعض مواقع پر یہ بھی ہوا کہ معمولی سے مسئلے کو بھی ہماری اس حساسیت نے ضرورت سے زیادہ سنگین بنا دیا۔ خیر، جیسا کہ اس طرح کی صورت حال میں عام طور پر ہوا کرتا ہے، ہمارے یہاں بھی وہی ہوا، وقت گذرنے کے ساتھ ساتھ اس شدت میں کمی آتی گئی اور اب یہ عالم ہے کہ بعض سنگین قسم کے مسائل کی طرف بھی ہمارا رویہ اتنا سنجیدہ نہیں جتنا کہ ہونا چاہیے۔ فحاشی اس قسم کے مسائل میں سے ایک ہے۔

مثال کے طور پر دیکھیے کہ جو کچھ لکھنے پر منٹو اور عصمت نے پیشیاں بھگتیں اور جرمانے بھرے، اس سے کئی گنا زیادہ فحاشی اب ہمارے اخبارات و رسائل میں عام ہے بلکہ رنگین تصاویر کے ساتھ ہے لیکن کوئی اس پر معترض نظر نہیں آتا جیسے آج یہ کوئی بات ہی نہیں ہے۔ خیر، اخبارات و رسائل تو رہے ایک طرف، اس وقت الیکٹرونک میڈیا جو کچھ دکھارہا ہے، وہ تو کسی اور ہی دنیا، کسی الگ ہی معاشرے کا سامان ہے۔ اس کے آگے تو منٹو اور عصمت کی کہانیوں میں فحاشی کے مسائل محض بے ضرر اور بچوں کی سی

تفریحی باتیں معلوم ہوتے ہیں۔ آج ہم یہ سب کچھ اطمینان سے دیکھ رہے ہیں، کسی احتجاج، جھنجھلاہٹ اور خوف کے بغیر۔ ظاہر ہے، اس کا مطلب تو یہی ہو گا کہ ہمارا فحاشی کا تصور یا اخلاقی اقدار کا نظام غیر موثر ہو گیا ہے یا پھر بدل گیا ہے۔

یہ بات یوں تو بہت سادہ سی معلوم ہو رہی ہے لیکن واقعتا ہے نہیں۔ اس پر غور کرنے کی ضرورت ہے۔ تسلیم کرنا چاہیے کہ جنسی حیثیت اور جنسی عمل ہماری زندگی کا حصہ ہے تو ظاہر ہے کہ اس کا بیان ادب اور فن کے لیے شجر ممنوعہ نہیں ہو سکتا۔ اس مرحلے پر ہمارے سامنے پہلا اہم سوال یہ ہو گا کہ آخر وہ کیا چیز ہے جو اس بیان کو کہیں ادب یا فن بنا دیتی ہے اور کہیں فحاشی؟ اس کامپلیکس سوال کا جامع جواب تو اصل میں اس تہذیب اور اس کے نظام اقدار کے تناظر میں دیا جا سکتا ہے جس کے سیاق و سباق میں کوئی ادب پارہ تخلیق کیا جاتا اور پیش ہوتا ہے۔ تاہم اپنے سمجھنے کے لیے اگر ہم ایک سادہ سا عمومی اصول وضع کرنا چاہیں تو کہا جائے گا کہ جنسی حیثیت یا اس کے پہلوؤں کا ایسا بیان جس میں پڑھنے یا دیکھنے والے کے لیے اس فن پارے میں پیش کیا گیا اصل مسئلہ ثانوی درجے کا ہو جائے اور فن پارے کے مرتب کردہ اثرات کے تحت اس پر لذتیت غالب آ جائے، فحاشی میں شمار ہو گا۔

یہ طے ہے کہ ادب اور فن جسمانی ہی نہیں بلکہ ذہنی طور پر بھی بالغ اور صحت مند رجحانات کے لوگوں کی سرگرمی ہوتی ہے۔ ظاہر ہے، ان لوگوں کا جنس کی طرف وہی رویہ ہو گا جو زندگی کے دوسرے حوائج مثلاً بھوک، پیاس، نیند وغیرہ کی طرف ہوتا ہے۔ کوئی بھی صحت مند اور نارمل آدمی چوبیس گھنٹے نہ تو کھانے میں صرف کرتا ہے اور نہ ہی اس کے تصور میں غرق رہتا ہے۔ ایسا ہی کچھ معاملہ جنس کا ہوتا ہے۔ اب اگر لکھنے والا اس شعور کا حامل ہے تو جنس اور اس کے بیان کو محض زندگی کی احتیاجات اور مسائل کے

تناظر میں رکھ کر دیکھتا ہے۔ اگر وہ ایسا نہیں کرتا تو خود اپنی ابنار میلٹی کو ظاہر کرتا ہے۔ مثال کے طور پر منٹو کے افسانے "ٹھنڈا گوشت" کو لیجیے۔ جب تک ہم کلونت کور کی نسائی کیفیت کو پڑھتے ہیں جو ایشر سنگھ کی مردانگی کی بیداری کی منتظر ہے اور ایشر سنگھ کو دیکھتے ہیں جو اس لمحے مرد بننے کا شدت سے آرزو مند ہے تو یہ سب پڑھنے والے کے حواسوں پر اور انداز سے اثر ڈالتا ہے، لیکن ایک بیک افسانے میں ایک موڑ آتا ہے اور گھڑی بھر میں ہم کلونت کو ایشر سنگھ کے گلے پر کرپان پھیرتے ہوئے دیکھتے ہیں۔ پھر ایشر سنگھ وہی جوان، گبھرو اور کلونت کور کے برابر کا جوڑا ایشر سنگھ ہمارے سامنے ٹھنڈا ہوتا چلا جاتا ہے۔ جب افسانے اور اس کے کرداروں کا اصل مسئلہ ہمارے سامنے آتا ہے اور اس طرح آتا ہے کہ انسانی زندگی کے ایک اندوہ ناک تجربے اور ایک انسان کے اس پر ہول ناک اثرات کا منظر نامے پر ہماری نگاہ ٹھہرتی ہے تو بھلا کیسی جنسی جبلت اور کیسا حسیاتی ہیجان؟ یہاں ہم انسانی احساس کی ایسی متغیر ہوتی ہوئی کیفیات کو دیکھتے ہیں جو ہمارے اعصاب کو شل کر دیتی ہیں اور ہمارے لیے یہ طے کرنا ممکن نہیں رہتا کہ ہمیں افسانے اور اس کے کردار کے اس انجام سے اتفاق ہے یا اختلاف یا پھر تاسف۔ اور یہ بھی کہ زیادہ بڑا مسئلہ ایشر سنگھ کا تھا یا کلونت کور کا، ہمیں ان میں کس سے ہمدردی ہے؟ اور پھر انسان اور اس کے عمل اور تقدیر کے سوال ہمارے ذہن میں گونجنے لگتے ہیں۔ یہ تاثر اور کیفیت پیدا ہی نہیں ہو سکتی تھی اگر اس سے پہلے منٹو نے وہ سب بیان نہ کیا ہوتا۔

منٹو کے ایک اور افسانے کو دیکھیے، "موذیل" کا مرکزی کردار۔۔۔ ایک شوخ چنچل، بے باک عورت جو کہانی کے اختتام پر برہنہ حالت میں ہمارے سامنے ہے۔ لیکن اس کردار کو افسانے کی بنت میں ہم جس طرح اور جیسے حالات کے زیر اثر بڑھتا ہوا دیکھتے ہیں اور پھر اختتام پر آ کر جس انجام سے دو چار پاتے ہیں، اس سب کو پیش نظر رکھتے

ہوئے کسی بھی طرح ہمارے جنسی جذبے کو تحریک نہیں ملتی۔ اس کے برعکس اس کی برہنگی کا جو جواز ہمیں ملتا ہے، وہ اتنا بڑا اور اہم ہے کہ ہماری ساری توجہ اسی پر مرکوز ہو کر رہ جاتی ہے اور موذیل کے برہنہ جسم کی طرف ہمارا دھیان جاتا ہی نہیں۔ اس وقت موذیل نے یہ برہنگی جس انسانی صورت حال میں اختیار کی ہے، وہ ہماری توجہ کا اصل مرکز بن جاتی ہے۔ چنانچہ موذیل کا گورا جسم ہمیں کسی لذت کی طرف مائل کرنے کی بجائے انسانی بربریت اور اس کے گھناؤنے پن پر سوچنے پر مجبور کرتا ہے اور ہم موذیل کو مسکرا کر موت کے منھ میں جاتے ہوئے دیکھ کر ایک طرف گہری افسردگی سے دوچار ہوتے ہیں اور دوسری طرف ہمارے دل میں یہ کھد بھد ہوتی ہے کہ جس کرپال کور کو بچانے کے لیے موذیل نے جان وار دی، کیا ترلوچن سنگھ موذیل کے پاس سے اٹھ کر اس کو مجمعے کے وحشیانہ جذبات کی بھینٹ چڑھنے سے بچا کر نکال لے جانے میں کامیاب ہوا کہ نہیں۔

اسی طرح سولزے نتسن کے ناول "کینسر وارڈ" کی اس عورت کو یاد کیجیے جو سینے کے سرطان میں مبتلا ہے اور ڈاکٹر آپریشن کر کے اس کی چھاتی کاٹنے جا رہے ہیں۔ آپریشن سے پہلے اسے خواہش ہوتی ہے کہ اس کا منگیتر آ کر اسے ایک بار سر سے پاؤں تک عریاں حالت میں دیکھ لے۔ اس خواہش کو پڑھتے ہوئے ایک لمحے کے لیے ہمیں اس میں ابتذال کا احساس ہوتا ہے اور کم سے کم ایک بار تو پڑھنے والے کا دھیان ایک نوجوان عورت کے ہیجانی جذبات کی طرف ضرور جاتا ہے، اس کے جسمانی تقاضوں کی شدت کا خیال آتا ہے لیکن اگلے ہی لمحے یہ احساس اس وقت کافور ہو جاتا ہے جب ہمیں پتہ چلتا ہے کہ اس عورت کی اس خواہش کا محرک وصال کا جذبہ یا لذت کا حصول نہیں ہے بلکہ یہ المیہ خیال ہے کہ آپریشن کے بعد وہ پورے وجود کی عورت نہیں رہے گی۔ اس لیے وہ

چاہتی ہے کہ کم سے کم ایک بار تو کوئی اس کو ثابت و سالم حالت میں دیکھے، اس کے پورے وجود کی گواہی دے۔ جب ہم کردار کے اس الميے کو share کرتے ہیں تو ہمیں کسی قسم کی فحاشی اپنی طرف متوجہ نہیں کرتی بلکہ انسانی وجود کی ایک ٹریجڈی ہمارے پیش نظر ہوتی ہے اور اس مسئلے کی سنگینی یہ تک فراموش کر دیتی ہے کہ یہ مسئلہ عورت کا ہے یا مرد کا بلکہ ہم صرف انسانی وجود کے الميے میں کھو کر رہ جاتے ہیں۔ ہمارے ذہن سے عورت، اس کی جوانی اور اس کی نسوانی شناخت کے اعضا اس لیے محو ہو جاتے ہیں کہ ہم ایک انسانی وجود کی زندگی اور موت کی حدوں کو پہنچی ہوئی بے بسی کے مسئلے میں الجھ جاتے ہیں۔ موت اپنی تمام تر ہولناکی کے ساتھ ہمارے سامنے سامنے آ جاتی ہے۔ تب ہم زندگی کو سکڑتا، سمٹتا اور اپنی بقا کے لیے اپنی شناخت کی تمکنت تک سے دستبردار ہوتا دیکھتے ہیں۔ ایسی صورت میں بھلا اس بات کا دھیان کسے آئے گا کہ عورت اپنے پورے وجود کے ساتھ کیسی لگتی ہے یا اس کے جسمانی خطوط کا نظارہ کیا معنی رکھتا ہے۔ یہاں تو سوال سیدھا اور صاف ہے یعنی زندگی یا موت۔

اب ذرا میلان کنڈیرا کے ناول کا وہ نسوانی کردار یاد کیجیے جسے جبری ہجرت نے اکھاڑ پھینکا ہے۔ وہ عورت اپنے خطوط حاصل کرنا چاہتی ہے جو چھوڑے ہوئے وطن میں اس کے گھر میں رہ گئے ہیں۔ ان خطوط کی اہمیت یہ ہے کہ اس کے شوہر نے اسے لکھے تھے۔ اب جب کہ شوہر نہیں رہا، یہ خط اس کی زندگی کا سب سے بڑا اسرمایہ ہیں۔ ایک کمینہ پروفیسر اس کی اس جذباتی ضرورت کو exploit کر کے اختلاط کی راہ نکالتا ہے۔ وہ اسے باور کرا تا ہے کہ اسے بخوبی احساس ہے کہ یہ خط بیوی کی حیثیت سے مرحوم شوہر کی یاد گار کے طور پر اس کے لیے کیا جذباتی وقعت رکھتے ہیں۔ وہ اس سے وعدہ کرتا ہے کہ چاہے اسے کتنا ہی خطرہ کیوں نہ مول لینا پڑے لیکن وہ اس کے وطن جائے گا اور اسے وہ

خط لا کر دے گا۔ عورت جو خود اب جسمانی ضرورتوں سے ذہنی طور پر بے نیاز ہو چکی ہے، اپنی بے زبان طلب کا شعور رکھنے اور لاینحل مسئلے میں مدد کے وعدے پر کسی حیل و حجت کے بغیر اور امیدوں کے نام پر اس پروفیسر کو اپنا آپ سونپ دیتی ہے۔ کنڈیرا نے اس سارے قصے کو شرح و بسط کے ساتھ ناول کا حصہ بنایا ہے، لیکن یہ پورا واقعہ کہیں بھی فحش نہیں ہو پاتا کہ اس میں کردار کا جذباتی بحران مسلسل ہماری توجہ کا مرکز بنار ہتا ہے اور ہم باقی سب باتوں سے سرسری گذرتے چلے جاتے ہیں۔

آیئے، اب لگے ہاتھوں ایک ڈیڑھ مثال فلم کی بھی دیکھ لیجیے۔ "رام تیری گنگا میلی" راج کپور کی فلم تھی۔ جب یہ فلم سینسر کے لیے گئی تو بورڈ نے اس کے ایک سین پر جس میں مرکزی نسوانی کردار اپنے بچے کو بھرے بازار میں دودھ پلانے بیٹھتی ہے اور کیمرہ ایک لمحے کو اس کے اس آسن کو فوکس کرتا ہوا گذر جاتا ہے، قابل اعتراض گردانا۔ راج کپور نے اعتراض کو تسلیم کرنے سے انکار کیا اور اس کا مقدمہ لڑتے ہوئے کہا کہ پہلی بات وہ عورت چھاتی کی نمائش نہیں کر رہی بلکہ وہ تو صرف اور صرف ایک ماں ہے جو اپنے بچے کو دودھ پلانے بیٹھی ہے۔ دوسرے یہ کہ اس پر پہلے ہی ایسی افتاد گذرتی دکھائی گئی ہے کہ اسے کچھ ہوش ہی نہیں کہ وہ کہاں ہے اور کس حال میں ہے۔ اگر اس عورت کو اس بپتا کے ساتھ اور پیش آنے والے واقعات کی پوری صورت حال میں دیکھا جائے گا تو اس کے مسئلے کی نوعیت واضح ہو سکے گی ورنہ نہیں۔ یہ ٹھیک ہے، اگر ہم ایک عورت کو دیکھتے ہیں تو اس کے اعضا پر ہماری نگاہ کسی اور طرح پڑتی ہے لیکن جب ہم ایک ماں کو دیکھتے ہیں تو ہمارا زاویہ نگاہ بالکل بدل جاتا ہے۔ اپنے دلائل سے راج کپور اپنی فلم کو سینسر سے جوں کا توں پاس کرانے میں کامیاب رہا۔

ایک اور مثال دیکھیے، فلم کا نام ہے "Roots"۔ یہ اصل میں ایلیکس ہیلے کے ناول

کی کہانی ہے جسے فلمایا گیا ہے۔ یہ ناول خود اپنی جگہ ایک بڑی مثال ہے۔ اس ناول میں ایک سے زائد مقامات پر مصنف نے کرداروں کا ماجرا بیان کرنے اور ان کے احوال واقعی سنانے کے لیے بعض ایسے واقعات بھی قلم بند کیے ہیں جو ذرا سی بے احتیاطی کے باعث obscenity گردانے جاتے لیکن ایلیکس ہیلے نے کرداروں کی ماجرائیت کو اس رنگ میں لکھا ہے کہ پڑھنے والے کی نگاہ ان کے جسم سے کہیں زیادہ ان کی روح کے کرب پر مرتکز رہتی ہے۔ اس ناول پر فلم بھی بنی ہے اور ڈراما سیریل بھی۔ فلم میں جب یہ سین آتا ہے کہ پہلے مرکزی کردار کی بیٹی کو اس کا مالک ناراض ہو کر فروخت کر دیتا ہے اور اس کا نیا مالک لا کر اسے ایک اندھیرے کمرے میں ڈال دیتا ہے۔ پھر دن ڈھلے وہ اس کے پاس آتا ہے، اور اب وہ اس سے جسمانی لذت کے حصول کا خواہاں ہے۔ یہ واقعہ ناول میں بھی ہے اور فلم میں بھی۔ فلم کے ڈائریکٹر نے بھی اس سین کو ہنر مندی سے فلمایا ہے۔ یہ پورا سین ہمارے سامنے ایک بے بس لڑکی کی ابتلا کی صورت گذرتا چلا جاتا ہے۔ مالک کی دست درازی، لڑکی کا پسپا ہوتا ہوا احتجاج اور پھر وہ سب کچھ جس کا ایک مرد، عورت کے جسم سے متمنی ہوتا ہے۔ فلم کے ڈائریکٹر نے اس سین کو بلکہ آگے بھی جو ایسے سین آئے ہیں، انھیں نہ صرف یہ کہ احتیاط سے شوٹ کیا بلکہ اس نے اپنے فنکاروں سے جو کام لیا ہے اور سین کی ضرورت کو پورا کرنے، اسے حقیقت بنانے کے لیے جیسے جیسے تاثرات ریکارڈ کیے ہیں، وہ اس فلم کو "اوبسین" نہیں ہونے دیتے۔ مثال کے طور پر جس سین کا ابھی ذکر کیا گیا، اس میں لڑکی کو جس طرح دکھایا گیا ہے، وہ ہم پر ایک بے بس، مجبور اور بے آسرا لڑکی کا مکمل تاثر چھوڑتی ہے۔ اس کا مالک اس کے ساتھ جو سلوک کر رہا ہے، اس میں اس کی شمولیت لاچاری کے باعث ہے۔ اس کی کیفیت اور مجبوری کو دیکھتے ہوئے ہم یہ محسوس کیے بغیر نہیں رہ سکتے کہ وہ وجودی طور پر تو بے شک انسان ہے لیکن اس کے

ساتھ سلوک ایسا ہی کیا جا رہا ہے جیسے خریدے ہوئے جانوروں کے ساتھ ان کے مالک کیا کرتے ہیں یعنی جب چاہا باندھ کر رکھا، جب چاہا چرنے کو چھوڑ دیا، جب تک جی چاہا پالتے رہے اور جب جی چاہا ذبح کر لیا۔ اس لڑکی کا کردار اور اس پر گذرتی افتاد ہمارے اندر یہی احساسات پیدا کرتے ہیں اور یہی وہ شے ہے جو اس سین کو x rated نہیں بننے دیتی بلکہ انسانی المیے کی طرف ہمیں متوجہ رکھتی ہے اور ہم اس ایک کردار کی نسبت سے انسانی تہذیب، اس کے تمدنی سفر اور اخلاقی نظام اور اقدار کے تصور ایسے سوالوں پر سوچتے ہیں اور اس کے ساتھ ساتھ ہمارا ذہن انسانی زندگی کی حقیقت اور اس کی تقدیر پر غور کرتا ہے۔ تو اصل میں یہ بات کوئی اہمیت نہیں رکھتی کہ وہ کوئی ادیب یا فلم کا ڈائریکٹر اور اس کا میڈیم کیا ہے، پڑھنے والا یا دیکھنے والا اس کے کام سے کیا تاثر لے رہا ہے، اہمیت حقیقتاً اس کی ہے۔ چنانچہ جو مسئلہ اپنے فن میں اس نے پیش کیا ہے، اگر واقعی اتنا بڑا ہے کہ ہم اسے خالص انسانی سطح پر رکھ دیکھ سکیں تو باقی سب باتیں ثانوی ہو جاتی ہیں اور فن پارہ فن کے معیار پر آ جاتا ہے، بصورت دیگر فحاشی کے کھاتے میں جا پڑتا ہے۔

یہاں یہ بات بھی اہم ہے کہ فحاشی کا تصور ہر معاشرے میں الگ ہوتا ہے اور اس کا تعین وہ ضابطہ اخلاق کرتا ہے جسے اس معاشرے کی تہذیبی اقدار مرتب کرتی ہیں۔ جب تک تہذیب in tact رہتی ہے، اس کی اقدار کا پورا نظام موثر رہتا ہے اور معاشرتی زندگی کے جملہ شعبوں اور تمام ثقافتی اوضاع میں ان کا اظہار ہوتا ہے۔ اب سوال یہ ہے کہ کسی قوم یا تہذیب کا نظام اقدار کس اصول کے تحت تشکیل پاتا ہے؟ یہ تشکیل پاتا ہے اس کے تصور حیات کے تحت۔ چنانچہ ہم دیکھتے ہیں کہ روایتی یا مذہبی معاشروں کی اخلاقیات سیکولر اور ماڈرن معاشروں سے مختلف ہوتی ہے۔ دونوں میں بنیادی فرق اصل اصول کا ہوتا ہے۔ اس وقت ہماری نئی دنیا کی تمام قوموں اور تہذیبوں کے ساتھ مسئلہ یہ ہے کہ وہ

دانستہ یانادانستہ ایک ایسی معاشرت میں مدغم ہونے جا رہی ہیں جو روایتی یا مذہبی اخلاقیات سے نہ صرف عاری ہے بلکہ اس کو مسترد کرتی ہے۔ چنانچہ ہم بھی اسی ریلے میں بہے جاتے ہیں۔ ویسے تو ہمارے یہاں وہ نظام اقدار جو معاشرے کو اکائی کی صورت جوڑ کر رکھتا ہے، ڈیڑھ صدی پہلے ٹوٹ گیا تھا لیکن اس کے باوجود ہم نے بہت دنوں تک، یوں کہنا چاہیے کہ صدی بھر سے اوپر کچھ برسوں تک اس نظام اقدار کو کسی نہ کسی درجے میں اپنے طرز احساس میں شامل رکھا۔ تقسیم ہند کے بعد خصوصاً یہ احساس تازہ ہوا کہ اب پھر وہی نظام اقدار اور اس کا تہذیبی ڈھانچا revive ہو گا اور یہی وہ زمانہ تھا جب ہم اس مسئلے کی طرف اپنی حساسیت کے زیر اثر منٹو اور عصمت وغیرہ پر مقدمات چلا رہے تھے۔ ظاہر ہے یہ ایک جذباتی دور بھی تھا لیکن چند ایک برس کی گرما گرمی کے بعد ایسے سارے جذبے ماند پڑنے لگے۔ گذشتہ تین دہائیاں تو خیر ایک ایسی رستا خیز سے عبارت ہیں کہ جس نے ہماری کایا کلپ کر کے رکھ دی۔ جیسا کہ پہلے عرض کیا، یہ کچھ ہماری ہی افتاد نہیں ہے بلکہ دنیا بھر میں سارے روایتی تہذیبی معاشروں کو اس عرصے میں کچھ اسی قسم کا ماجرا پیش آیا ہے۔ خیال رہے کہ یہاں روایتی اور تہذیبی معاشروں سے مراد وہ اقوام و ملل ہیں جہاں کسی نہ کسی سطح پر کوئی اخلاقی ضابطہ اور اقدار کا کوئی نظام مؤثر حیثیت میں پایا جاتا ہے۔ بہر حال خلاصہ یہ کہ انسانوں کی دنیا میں آنے والے اپنی قبیل کے اس انوکھے انقلاب میں الیکٹرانک میڈیا نے نہایت غیر معمولی کردار ادا کیا ہے۔

اس حقیقت سے انکار نہیں کہ الیکٹرانک میڈیا as such کوئی بری شے نہیں ہے۔ انسانی معاشرے کے لیے یہ خاصا مفید طلب سامان رکھتا ہے۔ لیکن اس کے ساتھ بھی وہی مسئلہ پیش آیا جو ایٹم بم کے ساتھ پیش آیا تھا کہ مقتدر قوموں نے اسے کمزور تہذیبوں، چھوٹے معاشروں اور غیر مستحکم قوموں کے فکری استحصال اور ذہنی قلب ماہیت کے

حربے کے طور پر استعمال کیا۔ چنانچہ اسے ایک ایسی انڈسٹری بنا دیا گیا ہے جو عامتہ الناس کی تفریح طبع کا سامان فراہم کرتی ہے۔ اس سے بھلا کسے انکار ہو سکتا ہے کہ تفریح طبع کا سامان بھی متمدن انسانی زندگی کی ضرورتوں میں آتا ہے۔ پرانے معاشرے بھی زندگی میں تفریح کا اہتمام کرتے تھے لیکن اس ستم ایجاد نے غضب یہ ڈھایا کہ تفریح کے تصور کو دھیرے دھیرے ابتذال سے جوڑ دیا۔ اس کاروائی میں انسانی جذبات کو تقدم حاصل ہوا جب کے عقل، فکر اور روح کے مطالبات ثانوی چیز ہو کر رہ گئے بلکہ رفتہ رفتہ عام انسانوں کی زندگی میں ان پر توجہ کی ضرورت ختم ہوتی چلی گئی۔ نتیجہ یہ کہ نئی دنیا کا انسان بڑی حد تک impulsive انسان بن گیا۔ اس کی توجہ کا محور محض اس کی مادی ضرورتیں ہیں اور اس کے نزدیک زندگی کی سب سے بڑی حقیقتیں صرف وجودی حقیقتیں ہیں۔ اس کے برعکس پرانی تہذیب کا انسان مادی ضرورتوں اور وجودی حقیقتوں کے ساتھ ساتھ اپنی روح کے مطالبات کا بھی شعور رکھتا تھا اور ماورائے وجود حقائق اور روح کے مطالبات کو باقی سب چیزوں پر فوقیت دیتا تھا۔

اس ساری صورت حال کے پیش نظر ہم اس نتیجے پر پہنچتے ہیں کہ ماضی میں ہم دقیانوسی یا تنگ نظر نہیں تھے بلکہ اس وقت ہمیں اپنی تہذیب، اس کی اقدار اور نظام اخلاق کا شعور تھا اور ہم ان پر یقین رکھتے تھے جب کہ آج نئی دنیا کی ہوا میں آ کر ہم اس شعور سے عاری ہو گئے ہیں اور اپنی تہذیب اور اس کی اقدار پر سے ہمارا یقین اٹھ گیا ہے۔ یہی وجہ ہے کہ کل جن باتوں کا ہمارے یہاں تصور تک محال تھا، آج وہ ہماری زندگی کا معمول ہو گئی ہیں۔ ان پر ہمیں نہ کوئی الجھن یا تشویش ہے اور نہ ہمارے اندر ان کے خلاف احتجاج یا رد عمل ہے۔ ہم نے خود کو اس نئی بے اقدار، بے تہذیب دنیا کے دھارے پر بہنے کے لیے چھوڑ دیا ہے۔ اس رویے کو آج آزادہ روی اور روشن خیالی کا نام

دیا جارہا ہے لیکن واقعہ یہ ہے کہ دنیا میں رونما ہونے والی یہ سرگرمیاں اپنے باطن میں انسانی تمدن اور تہذیبی اقدار کے اس سارے سفر کی نفی کرتی ہیں جو انسان نے صدیوں میں اپنی وحشتوں اور جبلتوں کو قابو کرتے ہوئے انسانیت کی منزل کو پانے کے لیے طے کیا ہے۔

بات یہ نہیں ہے ادب میں، میڈیا اور انٹرنیٹ پر جنسی موضوعات پر پابندی عائد کی جائے اور ان کو سامنے لانے کی ممانعت ہو۔ نہیں، یہ مسئلے کا حل نہیں ہے۔ اگر جنس اور اس کے مسائل ہمارے معاشرے میں پائے جاتے ہیں تو ان کو بیان بھی ہونا چاہیے اور انھیں سامنے بھی لایا جانا چاہیے۔ اس لیے کہ اگر ہم انھیں دبا دیں گے تو وہ ختم نہیں ہوں گے بلکہ پورے معاشرے کو متعفن کر دیں گے۔ ہیرا منڈیوں، شراب خانوں اور جوا اڈوں کو ہم نے ختم کرنے کی جو کوششیں، اتھلی سطح پر محض جذباتی انداز میں کی تھیں، اس کا نتیجہ ہمارے سامنے ہے۔ تیس چالیس برس پہلے ان کاموں کے مخصوص ٹھکانے ہوا کرتے تھے اور وہاں آنے جانے والے بھی الگ الگ کینڈے کے لوگ تھے لیکن اب یہ جراثیم ہمارے اپنے گلی محلوں تک آ گئے ہیں۔ برائی کو دبانا اس کا علاج نہیں ہے بلکہ اس کا سامنا کرنے اور معاشرے کی حقیقتوں اور ضرورتوں کے تناظر میں اسے دیکھنے کے بعد ہی اس کا سدباب ممکن ہے، لیکن برائی کا سامنا کرنے اور معاشرتی تناظر میں اس کی حقیقت جاننے کے لیے بڑی اخلاقی جرات کی ضرورت ہوتی ہے۔ ہم میں آج اسی جرات کا فقدان ہے۔ ہم اپنے الیکٹرانک میڈیا اور فلم انڈسٹری کو دوسروں کے مقابلے میں لانے کے بھی خواہاں ہیں، سوسے زیادہ چینلز، ڈش اور کیبلز کو بھی عام کر رہے ہیں اور پھر یہ بھی چاہتے ہیں کہ ہماری نئی نسل آلائشوں سے محفوظ رہے اور آزادی کے اس تصور سے بھی دور رہے جو مغرب کا مادر پدر آزاد سماج پیش کرتا ہے۔ یہ ٹھیک ہے ہم میڈیا میٹریل کو جو

آندھی طوفان کی رفتار سے آ رہا ہے، آسانی سے نہیں روک سکتے۔ اس کے آگے بند باندھنا واقعتاً بے حد دشوار بلکہ کم و بیش ناممکن العمل ہے، لیکن اس عفریت کا مقابلہ کرنے کی ابھی ایک صورت باقی ہے اور وہ یہ کہ ہم اپنی تہذیب اور اس کی اقدار پر اپنا یقین بحال کریں اور اپنی نئی نسل کو ان اقدار کے شعور سے بہرہ مند کرنے کی کوشش کریں۔ ہمیں چاہیے کہ ہم اپنے باطن کو اور اپنی روحوں کو عہد جدید اور اس کی دنیا میں طوفانی رفتار سے آتی ہوئی جبلت انگیز ہواؤں کی گذر گاہ نہ بننے دیں۔ ہمیں اپنے محسوساتی سانچے کو اپنے معاشرتی نظام سے مربوط رکھنے کی راہ نکالنی چاہیے اور اپنے اندر اس اخلاقی جرات کو پھر سے بیدار کرنے کی تگ و دو کرنی چاہیے جو مسائل سے آنکھیں نہیں چراتی بلکہ اس کا سامنا کرتی ہے۔ اگر ہم الیکٹرانک میڈیا کی اس یلغار کو نہیں روک سکتے تو کم سے کم اتنا تو کر سکتے ہیں کہ یہ زندگی کی حقیقتوں اور تفریحات کا جو تصور پیش کر رہا ہے، ہم اسے قبول نہ کریں۔ اس لڑائی میں ہمارا ادب ایک تہذیبی قوت کا کام کر سکتا ہے اور یوں ہماری کوششیں اس بے اقدار معاشرت کے طوفان کے آگے بند باندھنے کے مترادف ہو سکتی ہیں جو اس وقت پوری انسانیت کو بہا لے جانے کے درپے ہے۔

یہ تو ہوئی ادب اور فلم کی بات۔ ان شعبوں میں اخلاقیات اور اقدار کا جو تصور اب سے پہلے رائج رہا ہے، اس پر تو ہم ایک سرسری نظر ڈال چکے۔ اب جو تبدیلیاں ان میڈیمز پر تیزی سے آ رہی ہیں، ان کی جانب بھی اشارے کیے جا چکے، علاوہ ازیں یہاں ضابطہ اخلاق اور اقدار کا نظام کس طرح کام کرتا ہے اور کتنا موثر ہو سکتا ہے اور ذمہ دار، باشعور افراد اس حوالے سے خود پر جو پابندیاں عائد کرتے ہیں، اس پر بھی ہم بات کر چکے ہیں۔ تاہم اس وقت مسئلہ ادب، آرٹ اور فلم کا نہیں ہے بلکہ آج سب سے بڑا مسئلہ ہے انٹرنیٹ کا۔ اس لیے کہ انفارمیشن ٹیکنالوجی کا یہ شعبہ حالات کی جیسی ابتری کا نقشہ پیش

کر رہا ہے، اس کا تو اس سے قبل شاید تصور بھی ممکن نہیں تھا۔

دیکھا جائے تو بیسویں صدی ٹیکنالوجی کی صدی ہے اور خصوصاً اس کی آخری تین دہائیاں تو ٹیکنالوجی کے تیز سفر سے عبارت ہے۔ تاریخ کے سیاق و سباق میں دیکھیے تو انسان کی مادی ترقی کا سب سے تیز رفتار زمانہ نظر آتا ہے۔ لیکن اس حقیقت سے بھی انکار ممکن نہیں ہے کہ اسی ترقی کے ساتھ ساتھ انسانی تہذیب و معاشرت کے اخلاقی نظام کا ملیا میٹ جس طوفانی رفتار اور جیسے تباہ کن انداز سے اس زمانے میں ہوا ہے، اس کی بھی کوئی مثال انسانی تمدن کی تاریخ کے کسی دوسرے دور میں نہیں ملتی۔ ٹیکنالوجی کی ترقی کی رفتار اکیسویں صدی کے اس اولین عشرے میں تو حیرت ناک ہے اور اس کے ساتھ اسی آندھی طوفان کی رفتار سے انسانی معاشرے میں اخلاقی قدریں مٹتی اور تہذیبی ضابطے ٹوٹتے جا رہے ہیں۔ اس مسئلے کی نوعیت کو سمجھنے کے لیے سب سے موثر اور اہم مثال انٹر نیٹ ہے۔

انٹرنیٹ، اب تک کی انفارمیشن ٹیکنالوجی کا سب سے بڑا کارنامہ ہے۔ معلومات اور اطلاعات کا جتنا بڑا ذخیرہ جس آسانی کے ساتھ اس کے ذریعے آج عام آدمی کی دسترس میں ہے، وہ اس سے قبل کبھی نہیں تھا۔ ٹیکنالوجی کے حوالے سے اگر یہ کہا جائے کہ اس دنیا کی طنابیں کھینچ کر رکھ دی ہیں تو ہر گز غلط نہ ہو گا۔ آج دنیا کے ایک سرے پر بیٹھا ہوا آدمی دوسرے سرے پر ہونے والے واقعات، مسائل اور ان کے حقائق سے عین اس وقت واقف ہو سکتا ہے جب وہ رونما ہو رہے ہوں۔ آج ایک شخص دوسروں کے بارے میں وہ سب کچھ جان سکتا ہے جو وہ جاننے کی خواہش کرے۔ معلومات کا عالم یہ ہے کہ وہ اب کسی ایک دو زاویے سے نہیں، بیک وقت چھ چھ زاویوں سے دستیاب ہیں۔ افراد سے لے کر اقوام تک، جسم سے لے کر ذہن تک اور تفریح سے لے کر تفکر تک کون سا ایسا

موضوع ہے جس پر آپ کو کام کرنا ہو، معلومات درکار ہوں اور اس کے بارے میں ٹیکنالوجی سکوت اختیار کر لے۔ نہیں، کوئی چیز ایسی نہیں ہے۔ سو اگر یوں دیکھا جائے تو مغرب جب انفارمیشن ٹیکنالوجی کو نئی دنیا کی سب سے بڑی نعمت کہتا ہے تو کیا غلط کہتا ہے۔ لیکن اس سہولت یا نعمت کا ایک رخ ہے اور وہ جو اکبر الہ آبادی نے کہا تھا کہ

ہم تو سمجھے تھے کہ لائے گی فراغت تعلیم

یہ نہ معلوم تھا آ جائے گا الحاد بھی ساتھ

تو کچھ ایسا ہی معاملہ اس ٹیکنالوجی کا بھی ہے۔ اچھی چیزوں کے ساتھ ساتھ اس میں برائی کے بھی سات سمندر اکٹھے ٹھاٹھیں مارتے ہیں۔

عریانی یا فحاشی انٹرنیٹ کا سب سے بڑا مسئلہ ہے۔ ٹیکنالوجی کی سہولتوں کے ساتھ 1970 کی دہائی کے اوائل میں اس مسئلے کی نشان دہی ہوئی تھی جب پہلے ایسے رسائل و کتب سامنے آئے جن میں رنگین عریاں تصاویر شامل ہوتی تھیں پھر ویڈیو کیسٹ میں برہنہ فلمیں آنے لگیں۔ تاہم آغاز میں ان سب اشیا تک پہلے عام آدمی کی رسائی آسانی سے ممکن نہ تھی۔ اب اس قسم کے مواد کی نہ صرف بہتات ہے بلکہ وہ اس قدر سہل الحصول ہو گیا ہے کہ معمولی سے معمولی مالی حیثیت کا آدمی بھی ان میں سے جو کچھ چاہے، حاصل کر سکتا ہے۔ حد تو یہ ہے کہ طلبا اپنے محدود ترجیب خرچ سے بھی اس خواہش کی تکمیل کر سکتے ہیں۔ انتہائی افسوس کے ساتھ کہنا پڑتا ہے کہ اب یہ کر سکنے کا سوال نہیں رہا بلکہ کر رہے ہیں۔ دو اہم سروے رپورٹس ہمیں بتاتی ہیں کہ پاکستان میں انٹرنیٹ کیفے میں جا کر بیٹھنے والے افراد میں اٹھتر فی صد سے زائد تعداد مختلف درجے کے طلبہ کی ہوتی ہے اور اسکیننگ کرنے والے نیٹ کیفے یہ رپورٹ کرتے ہیں کہ وہاں surf کی جانے والی sites میں سے تراسی فی صد سے زائد کسی نہ کسی درجے کی porn sites ہوتی ہیں۔ ان

محتاط اعداد و شمار کی روشنی میں جائزہ لیا جائے تو یہ اندازہ لگانا دشوار نہیں کہ ہمارے یہاں انٹرنیٹ نعمت کے طور پر آیا ہے یا عذاب کی صورت؟

انٹرنیٹ پر فحاشی اس وقت سب سے سنگین مسئلہ ہے۔ یہ مسئلہ صرف ہمارے لیے نہیں بلکہ ان تمام اقوام اور معاشروں کے لیے ہے جو انسانیت کے تمدنی سفر، تہذیبی اقدار اور اخلاقی ضابطوں پر یقین رکھتے ہیں اور انسانیت کی بقا اور صحت مند انسانی زندگی کے لیے انھیں ضروری گردانتے ہیں۔ دنیا بھر کے بڑے اخبارات، ٹیبلائڈ، رسالے اور میگزین اس موضوع پر ادار یے، کالم، مضامین اور سروے رپورٹس شائع کر رہے ہیں جن میں بار بار تباہی کے اس خطرے کی نشان دہی کی جاتی ہے جو انٹرنیٹ کی پورنوگرافی اپنے ساتھ لائی ہے اور جسے وہ مسلسل پھیلاتی ہوئی نظر آ رہی ہے۔

غور طلب بات یہ ہے کہ اہل نظر اور اہل فکر کے یہاں انسانیت اور اس کی اقدار کے تحفظ کے لیے خطرے کا یہ احساس آج یک بیک اس قدر کیوں بڑھ گیا ہے؟ بات اصل میں یہ ہے کہ انٹرنیٹ نے (جیسا کہ پہلے عرض کیا گیا) فحاشی کے فروغ اور ترویج میں غیر معمولی کردار ادا کیا ہے۔ یہ مواد بے شک نیا نہیں ہے، بہت پہلے سے انسانی معاشروں میں پایا جاتا ہے لیکن اب اس کا پیداواری تناسب اگلے وقتوں کے مقابلے میں سو دو سو یا چار سو فی صد نہیں، کئی ہزار فی صد زیادہ ہے۔ اور پھر یہ کہ اب سب کچھ جس آسانی سے اور جتنے کم داموں میں دستیاب ہے، پہلے اس کا تصور بھی محال تھا۔ اب تو ایسا لگتا ہے کہ باقاعدہ ایک پورنو انڈسٹری ہے جو mass production کے فارمولے کے تحت کام کرتی ہے اور اپنی پروڈکٹ ایسی پرکشش (یعنی بے حد معمولی) قیمت میں اس آدمی تک بھی پہنچانے کے لیے کوشاں ہے جو کسی بھی وجہ سے اس سے دلچسپی نہیں رکھتا۔ ٹائمز میگزین ایسے رسائل کی رپورٹس بتاتی ہیں کہ یہی وجہ ہے کہ پورنو انڈسٹری آئے دن

اپنے مواد کو کسی نہ کسی عنوان پر کششش، دلچسپ، غور طلب، دل کو گرمانے والا، سنسنی خیز، تحریک بخش، ولولہ انگیز وغیرہ وغیرہ قسم کے ناموں سے پھیلانے کی ہر ممکن کوشش کرتی رہتی ہے۔ اب سے پہلے تمام معاشروں میں کسی نہ کسی سطح پر فحاشی کے بارے میں غلاظت کا تصور پایا جاتا تھا، لیکن اب ایک طرف تو اسے "آرٹ" کے طور پر پیش کیا گیا ہے اور دوسری طرف سے انسانی زندگی کی آزادی، خود مختاری اور مسرت کے تصورات سے اس طور وابستہ کیا گیا ہے کہ اس سے کراہت کا احساس منہا ہو جائے اور اس کی بجائے فحاشی کو انسان کے اظہار کے فطری جذبوں اور حصول مسرت کے ناقابل رو تقاضوں میں شمار کیا جائے۔ اس سے بھلا کون انکار کر سکتا ہے کہ جنسی احتیاج انسان کے فطری مطالبوں میں شامل ہے لیکن اس کو یوں جنس بازار بنانے اور اس کا تماشا دکھانے کا کوئی تقاضا نارمل اور صحت مند انسانی فطرت ہرگز نہیں کر سکتی۔ اس لیے کہ جنسی ضرورت ایسا جبلی تقاضا ہے جس کی طرف تہذیب انسانی inhibition کا رویہ اختیار کرتی ہے۔ مہذب انسان کے یہاں اس ضرورت کی تکمیل کا لطف پردہ دری میں نہیں بلکہ اس کے اخفا اور پردہ پوشی میں ہوتا ہے۔

یہاں ایک سوال یہ پیدا ہوتا ہے کہ اگر انسانی تہذیب اس کو رد کرتی ہے تو آخر فحاشی اور عریانی کا یہ رجحان مہذب اور متمدن اقوام میں کیوں فروغ پا رہا ہے؟ اصل میں اس کے پس منظر میں کئی عوامل کار فرما ہیں، ان میں اہم ترین حقیقتاً مقتدر اقوام کا سیاسی کھیل ہے۔ ممکن ہے یہ بات بعض لوگوں کے لیے استعجاب کا باعث ہو کہ بھلا فحاشی و عریانی کا کسی سیاسی کھیل سے کیا تعلق؟ دیکھیے، سیاست پہلے بھی طاقت اور اقتدار کے حصول کا کھیل تھا اور آج بھی ہے۔ لیکن آج اس کی نوعیت بہت کچھ بدل چکی ہے۔ اب علاقے اور لوگ physically فتح کر کے قبضے میں نہیں لے جاتے۔ اب فتح اور قبضے کا

نظریہ بدل چکا ہے۔ آج فتح کا مطلب ہے ذہنوں پر غلبہ پانا اور resources پر تصرف حاصل کرنا اور ترقی یافتہ اقوام اپنے مفتوحہ علاقوں میں خود جانے کی بجائے وہاں صرف اپنے ہم خیال اور ہم فکر افراد منتخب کر کے ان کے ذریعے نظم و نسق چلاتی ہیں۔ رہی بات عامتہ الناس کی تو یہ جو تفریح کا مبتذل تصور ہے اور عریانی کی ترویج و فروغ ہے، یہ ان کے ذہنوں کو مسخ کرنے کے ہتھکنڈے ہی تو ہیں۔ ان کا مقصد اس کے سوا اور کیا ہو سکتا ہے کہ انھیں سوچنے اور غور کرنے اور اپنی حیثیت جاننے اور آواز پانے کی خواہش سے بھی بے نیاز کر دیا جائے۔ انھیں ایسی چیزوں میں مبتلا کر دیا جائے جو ایک نشے اور لت کی طرح ہوں اور جن سے چھٹکارا پانا آسان نہ ہو۔

ایک رپورٹ کے مطابق انٹرنیٹ کی ہزاروں porn sites پر کروڑوں نہیں، اربوں عریاں اور فحش تصاویر اور ویڈیو کلپس قطعی بے قیمت اور با آسانی دستیاب ہونے کا آخر کیا مقصد ہے؟ یہ سب بے شک کاروبار بھی ہو گا۔ لیکن ذرا غور تو کیا جائے کہ یہ کیسا کاروبار ہے جس میں کھربوں ڈالر کی سرمایہ کاری ہو رہی ہے اور لوگوں کو اس کی طرف کسی معاوضے کے بغیر یا انتہائی قلیل معاوضے کے ذریعے مائل کیا جا رہا ہے۔ یہ کیسا کاروبار ہے جس میں سرمایہ کاری کرنے والے intangible نفع حاصل کر کے خوش ہیں۔ یہ میگا سائٹس جو لوگ فنانس کر رہے ہیں، آخر انھیں کس طور اور کتنا سرمایہ واپس مل رہا ہے اور کہاں سے مل رہا ہے؟ اس بزنس کی کوئی ریگولیٹری اتھارٹی کیوں نہیں ہے؟ اس پر کوئی وِتھ ہولڈنگ ٹیکس کیوں نہیں ہے؟ اس کی امپورٹ پر کوئی ڈیوٹی عائد کیوں نہیں ہوتی؟ اس کاروبار کے کسی بھی مرحلے پر جی ایس ٹی کا اطلاق کیوں نہیں ہوتا؟ اس پورے کاروبار ی نظام کا کوئی چیک سسٹم کیوں نہیں؟ اس ذیل میں غور کیا جائے تو ان گنت سوالات اٹھتے ہیں لیکن یہ چند سوالات بھی اس کاروبار کو سمجھنے اور اس کے پس منظر میں کار فرما

اصل محرکات کا جائزہ لینے کے لیے یہ کافی ہیں۔ ان سوالات پر غور کرنے کے بعد یہ سمجھنا مشکل نہیں رہتا کہ اس کاروبار سے وابستہ افراد اور اقوام کے یہاں منفعت کا تصور وہ نہیں جو عام کاروبار سے ہوتا ہے بلکہ وہ کسی اور انداز سے، کسی اور شکل میں نفع وصول کر رہے ہیں۔ یہ کاروبار اصل میں کسی اور ہی مقصد کے حصول کا ذریعہ ہے۔ وہ مقصد ہے انسانی معاشروں میں اخلاقیات کا تصور تبدیل کرنا، انسانوں کو روح اور ذہن سے آزاد محض جسمانی سطح پر اور وہ بھی روبوٹ یا مشین کے سے انداز میں زندگی گذارنا سکھانا۔ سائبر اسپیس اور اس کے مسائل پر لکھنے والے ڈینس آلٹ مین، ہاورڈرین گولڈ اور جوناتھن زٹرین ایسے لوگ سائبر سینسر شپ کے بارے میں کسی امید اور کامیابی کا اظہار نہیں کرتے۔ چرچ آف اسکاٹ لینڈ کے تحت کام کرنے والے ادارے، "سوسائٹی، ریلیجن اینڈ ٹیکنالوجی، کی رپورٹس میں کھلے بندوں اس کا اعتراف ملتا ہے کہ انٹرنیٹ پر ہونے والی عریانیت کا احتساب ممکن نہیں ہے۔ "وکی پیڈیا دی فری انسائیکلوپیڈیا" میں یہ تو بے شک لکھا گیا ہے کہ چاہے کوئی فحش کار کسی قانونی آزادی کے مطابق ہی اپنا فحش مواد پھیلا رہا ہو تو بھی اس کا یہ کام غیر قانونی ہو سکتا ہے، اس لیے کہ ممکن ہے اس سے استفادہ کرنے والوں میں ایک ایسا شخص بھی شامل ہو سکتا ہے جس کا مقام قانون اسے اس کام کی اجازت نہ دیتا ہو۔ اس اخلاقی یا قانونی نکتے کی نشان دہی کے بعد انسائیکلوپیڈیا خاموش ہو جاتا ہے۔ وہ یہ نہیں بتاتا کہ فحاشی کے فروغ کے سد باب کے لیے کیا اقدامات کیے جانے چاہئیں۔ انھیں موثر اور نافذ العمل بنانے کے لیے کیا methodology اختیار کرنے کی ضرورت ہے اور اس سے کس طور کام لیا جا سکتا ہے۔

انٹرنیٹ کے ماہرین اور اس کے لیے قانون سازی کرنے والے افراد اور ادارے کم و بیش سبھی اس بات پر متفق ہیں کہ انٹرنیٹ جو کچھ اپنے جلو میں لے کر آرہا ہے، وہ سب

اچھا نہیں ہے۔ اس میں بہت کچھ اچھا ہے اور اس نے زندگی کے بہت سے شعبوں کے بارے میں بڑی سہولت پیدا کر دی ہے اور ترقی کی رفتار کو بڑھا دیا ہے۔ باایں ہمہ اس حقیقت سے بھی کس طور انکار ممکن نہیں ہے کہ جتنی اس میں اچھائی ہے، اگر اس سے زیادہ نہیں تو کم سے کم اس کے برابر تو لازماً اس میں برائی بھی ہے۔ ایک پرانے محاورے کے مطابق دودھ تو بے شک یہ بکری دیتی ہے لیکن مینگنیوں کے ساتھ۔ اگر آج ترقی کی رفتار بڑھی ہے تو اس کے ساتھ ہی ساتھ تباہی کے بھی کتنے ہی نئے راستے کھل گئے ہیں۔

اور سب سے زیادہ تشویش ناک بات یہ ہے کہ انٹرنیٹ کے لیے کوئی موثر قسم کا چیک اینڈ بیلنس نظام اب تک وضع نہیں ہو سکا ہے، بلکہ ماہرین کا کہنا ہے ایسا کوئی نظام ہی ممکن نہیں ہے۔ وہ اس کی وجہ یہ بیان کرتے ہیں کہ کمپیوٹر آج کے دنیا کے حقائق کی شکلیں بے شک تبدیل کر رہا ہے لیکن وہ خود اصل میں ایک vital reality کی دنیا ہے۔ یعنی ایک ایسی دنیا جسے جاننے، سمجھنے یا جس کا تجربہ کرنے کے لیے بعض لوازم مطلوب ہوتے ہیں، ان کے بغیر اس دنیا کی تصدیق یا اثبات تک نہیں ہو سکتا۔ ظاہر ہے، یہ دنیا ان لوگوں کے لیے وجود ہی نہیں رکھتی، جو مطلوبہ لوازم کے بغیر اس کا تجربہ کرنا چاہیں۔ اس domain میں داخل ہونے کے لیے ضروری ہے کہ اس کے کچھ تقاضے پورے کیے جائیں۔ چنانچہ وہ لوگ جو اس دنیا کا تجربہ کرتے ہیں، وہ اس تجربے سے قبل ہی اپنے ذہن اور اپنی روح کو اس کے سپرد کر دیتے ہیں۔ ظاہر ہے ان کے اندر اس کے لیے کوئی مدافعت یا مزاحمت نہیں ہوتی۔ بہرحال، یہ ایک لمبی اور دقیق بحث ہے کہ ورچوئل ریلیٹی آخر کیا ہے، کیا کام کرتی ہے، کیسے اور کہاں کام کرتی ہے؟ یہ الگ موضوع ہے، اس پر الگ سے اور شرح صدر کے ساتھ لکھا جانا چاہیے۔

انٹرنیٹ کے ماہرین کا کہنا ہے کہ اس کے لیے کوئی چیک یا سینسر شپ ممکن ہی

نہیں۔ ایک تو یہ ورچوئل ریلیٹی کا مسئلہ ہے، دوسری بات یہ ہے کہ یہ کسی ایک آجر اور اجیر کا معاملہ نہیں ہے بلکہ اس میں ہر مقام پر ایک کمپیوٹر کوئی کردار ادا کر رہا ہے اور اس کا اندازہ لگانا آسان نہیں کہ اس وقت اگر کراچی کے کسی کیفے میں بیٹھا ہوا کوئی آدمی کسی سائیٹ کی سرفنگ کر رہا ہے تو وہ کتنے کمپیوٹرز کے سلسلوں سے ہوتا ہوا اپنے مطلوبہ ہدف تک پہنچتا ہے۔ شاید وہ درجنوں نہیں، سیکڑوں کڑیوں سے جڑا ہوگا۔ تو اب سوال یہ ہے کہ ان میں سے کون کس شے کا ذمہ دار گردانا جا سکتا ہے۔ اگر بفرض محال گردانا بھی جائے تو آخر کس بنیاد پر؟ تیسری بات یہ کہ وہ جس شے کا تجربہ کر رہا ہے، وہ تو بس ہوا میں ہے اور ایک غیر وجودی (یا غیر مرئی) وجود رکھتی ہے۔ وہ کوئی tangible reality نہیں ہے کہ اسے جب ہم چاہیں، دیکھ، پرکھ اور سمجھ سکیں۔ یہی وجہ ہے کہ اسے روکنا یا اس پر کوئی قدغن عائد کرنا ممکن نہیں ہے۔ تو یہ ہیں وہ مسائل جن کی بنیاد پر انٹرنیٹ کے بارے میں کہا جاتا ہے کہ اس کے ذریعے جو فحاشی پھیل رہی ہے، اس کا سد باب آسان نہیں ہے۔

اب رہا یہ سوال کہ مغربی معاشرے کا اخلاقی ضابطہ اور اس کا نظام اقدار ان مسائل کی طرف کس طرح دیکھتا ہے اور ان کی بابت کیا رویہ اختیار کرتا ہے؟ وہاں کے اہل دانش اس حوالے سے کیا سوچتے ہیں اور انسانی تہذیب و معاشرت کو درپیش اس مسئلے کے سلسلے میں کیا مغرب کوئی مثبت اور موثر کردار ادا کر سکتا ہے؟ قرائن و شواہد سے اس سوال کا جواب نفی میں ملتا ہے۔ ایسا نہیں ہے کہ مغرب میں اخلاق و اقدار کا کوئی تصور ہی نہیں پایا جاتا۔ تصور تو بے شک پایا جاتا ہے لیکن اب وہ بے روح اور غیر موثر ہو چکا ہے۔ ایسا جن اسباب کی بنیاد پر ہوا ہے، ان میں سے بعض کی نشان دہی گذشتہ صفحات میں کی جا چکی ہے،

تاہم ایک سبب اور بھی ہے۔ وہ یہ کہ مغرب میں تہذیب و اقدار کے بنیادی تصور میں تبدیلی آ چکی ہے، اور تصورات کی اسی تبدیلی کے زیر اثر الفاظ کے معانی و مفاہیم تک بدل گئے ہیں۔ اب اس لفظ پورنوگرافی ہی کو لے لیجیے اور دیکھیے کہ مغرب اس لفظ کو کس آزادی اور سہولت کے ساتھ استعمال کر رہا ہے کہ اب وہاں کتابوں کے نام، (1) Pornography of Death, (2) Pornography of Power رکھے جانے لگے ہیں۔

بات یہ نہیں کہ عریانیت یا برہنگی کا تصور اس سے قبل بیان نہیں ہوتا تھا، ضرور ہوتا تھا لیکن اب مسئلہ یہ ہے کہ موت کی حقیقت یا طاقت کے کھیل کو عریانیت کے حوالوں سے بیان کرنے کا جو چلن آ رہا ہے، اس کا کیا مطلب ہے؟ مطلب سیدھا اور صاف ہے کہ ان الفاظ کو سنتے ہی وہ جو خاص تصورات اجاگر ہوتے تھے اور جن کے سامنے تہذیبی معاشرے کا اخلاقی نظام پشتہ بندی کرتا تھا، اب ان کے الفاظ کا یوں بے تکلفانہ استعمال اس پشتہ بندی کو ختم کر کے انھیں روز مرہ کی چیز بنا دے گا اور وہ جو سماجی سطح پر ان الفاظ اور ان کے ساتھ وابستہ تصورات کی طرف ایک resentment تھی، وہ رفتہ رفتہ معدوم ہوتی چلی جائے گی۔ امر واقعہ یہ ہے کہ آج مغرب خود ایک دلدل میں دھنسا ہوا ہے۔ اس کی روشن خیالی اور مادی ترقی کی چکا چوند اپنی جگہ لیکن جاننے والوں کی نگاہ سے اس کی روح کی ابتری کا احوال پوشیدہ نہیں ہے۔ مغرب میں آج جرائم کا جو تناسب ہے، اسے دیکھ کر بخوبی اندازہ لگایا جا سکتا ہے کہ اس کی مثال ایک ایسے جہاز کی ہے، جس کا ایک حصہ ڈوب چکا ہے اور اس پر سوار افراد کو یہ معلوم تک نہیں کہ وہ ڈوبنے جا رہے ہیں۔ وہاں پر نوجوانوں میں جرائم کی شرح سب سے زیادہ ہے اور پھر ان جرائم میں جنسی جرائم سر

فہرست ہیں اور اسی تناسب سے نتیجتاً ذہنی اور جنسی امراض بھی۔ خیر، یہ بحث ہمارے موضوع کے دائرے میں نہیں آتی، اس لیے ہم اسے یہیں چھوڑتے ہیں۔ ہم بات کر رہے تھے مغرب کے اخلاقی نظام کی، جو کمزور ہوتے ہوتے بالکل غیر موثر ہو چکا ہے۔ خود مغرب کے سوچنے اور غور و فکر کرنے والے اذہان مایوسی کے ساتھ اس کا اعتراف کرتے ہیں۔ انھیں اپنے آگے اندھیرا ہی اندھیرا نظر آتا ہے۔ خصوصاً جدید دنیا کی اس سائنس اور ٹیکنالوجی کی ترقی کے ساتھ اخلاقی ابتری میں جس تیزی کے ساتھ وہاں اضافہ ہوا، اس کی بابت اہل نظر گہری تشویش کا اظہار کرتے ہیں۔ چنانچہ ایسی صورت حال میں ہم مغرب سے کیا توقع رکھ سکتے ہیں۔ مغرب کے تو اپنے زخموں کا اندمال ممکن نہیں، وہ کسی اور کے دکھوں کا بھلا کیا مداوا کرے گا۔

یوں اگر دیکھا جائے تو ادب، آرٹ، بصری فنون یا انٹرنیٹ خواہ کسی بھی ذریعے سے فحاشی کا مسئلہ پیدا ہوتا ہے تو اس سوال کے مخاطب وہ تہذیبیں یا معاشرے ہیں جہاں اخلاق و اقدار کا کوئی نظام قائم اور رویہ عمل ہے۔ تو اس مسئلے کے بابت سوچنا بھی انھی کو پڑے گا اور اس مسئلے سے نمٹنے کے لیے اپنا کوئی دفاعی نظام اگر وہ بناسکتے ہیں اور بنانا چاہتے ہیں تو انھیں خود ہی بنانا پڑے گا۔

آخری بات یہ کہ ادب، آرٹ یا فلم کے پیچھے اصلاً ایک دماغ کام کرتا ہے۔ اولاً وہ دماغ اپنی ایک جمالیاتی حس رکھتا ہے۔ دوم وہ چاہے سماجی ہی سہی، بہر حال کسی نہ کسی اخلاقی ضابطے میں یقین رکھتا اور اس کے زیر اثر اپنی حدود کا تعین کرتا ہے۔ سوم یہ کہ وہ کسی نہ کسی تہذیب، معاشرے، مقتدرہ یا مقننہ کو جواب دہ ہوتا ہے۔ چہارم یہ کہ وہ ان لوگوں کی طرف سے کہ جن کے سامنے وہ اپنا فن پیش کر رہا ہے، اپنے ہر کام پر اچھے یا

برے ردِعمل کا سامنا کرتا ہے۔ ظاہر ہے کہ یہ سب چیزیں اس پر اثر انداز ہوتی ہیں اور اس کے ذہنی رویوں کی ساخت اور فکر کی تشکیل میں ایک کردار ادا کرتی ہیں۔ تاہم ان میں سے کسی ایک بات کا بھی کمپیوٹر یا انٹرنیٹ پر اطلاق نہیں ہوتا۔ کمپیوٹر کی اپنی کوئی جمالیاتی حس ہوتی ہے اور نہ اس کے لیے کوئی اخلاقی ضابطہ ہوتا ہے اور نہ ہی وہ کسی کو جواب دہ ہے۔ پھر یہ اس کے لیے ہر امیج محض بائٹس کا مجموعہ ہوتا ہے، وہ اچھا ہے یا برا، نیک ہے یا بد، اس سے اسے کوئی سروکار نہیں ہوتا۔ ہو بھی نہیں سکتا، اس لیے کہ اچھائی برائی میں امتیاز کرنے کا شعور اسے حاصل نہیں ہے۔ اس سے اگر آپ نے تتلی (Butterfly) کا امیج طلب کیا ہے تو وہ تتلی کے نام کے وہ ساری امیج جو اس کے پاس ہوا میں ہیں، آپ کو لا کر پیش کر دے گا۔ وہ یہ فرق نہیں کر سکتا کہ یہ اصل تتلی ہے اور یہ طوائف ہے جس نے اپنی برہنہ تصویر تتلی کے نام سے ہوا میں رکھ دی ہے۔ وہ ایسا اس لیے بھی نہیں کر سکتا کہ اس کے لیے ایسا کوئی ضابطہ اب تک device ہی نہیں ہوا ہے جو اسے غلط اور درست میں تمیز کا شعور دے سکے۔ پھر دوسرے یہ کہ کمپیوٹر کسی بھی jurisdiction میں نہیں آتا، اس لیے اس کا ہر عمل اضافی یا پھر قیاسی ہے۔ تو یوں اس virtual reality کی سینسرشپ یا احتساب کے لیے کوئی نظام وضع کرنا کار دارد ہے۔ اور اگر کر بھی لیا جائے تو وہ کس حد تک موثر ہو گا، اس کی بابت بھی ماہرین کے ہاں کوئی ایسی خوش فہمی نہیں پائی جاتی۔

خیر، تو اب کیا کہا جائے، یہ کہ ہم ایک غیر اخلاقی اور ہر قسم کے ضابطے سے عاری دنیا کی طرف جا رہے ہیں؟ اگر اس سوال کا جواب ہمارے پاس اثبات میں آتا ہے تو ہمیں یقیناً سوچنا چاہیے کہ کیا ہم اور ہماری نئی دنیا واقعی ترقی کر رہی ہے؟ اس لیے کہ یہ لباس، یہ

شائستگی، یہ قرینہ، یہ تہذیب، اخلاق اور قوانین وغیرہ سب ہم نے تاریخ کی تاریک را

ہوں پر طویل اور کٹھن سفر کے بعد روشنی کی شاہراہ پر آ کر حاصل کیا ہے۔ تو لارڈ ناتھ

بورن کے بقول اب ہمیں پل بھر کو رک کر عقب میں اپنی ترقی کی راہ پر ایک نگاہ ڈال کر

جان لینا چاہیے کہ ہم آگے جا رہے ہیں یا پیچھے ؟

(ماخذ:'ہم سب' ویب سائٹ)

٭ ٭ ٭